子どもの発達からみる
「10の姿」の
保育実践

無藤 隆 監修
大方美香 編著

ぎょうせい

はじめに

　今改めて、「幼児期の終わりまでに育ってほしい姿」について学んでほしい。そう願い、本書をまとめました。この「幼児期の終わりまでに育ってほしい姿」は「10の姿」として略称もされ、幼児教育界では広く参照されるようになっています。幼稚園教育要領、保育所保育指針、幼保連携型認定こども園教育・保育要領でともに、この10の姿を重視しているからです。それは要領・指針の2017年の改訂で登場したものですが、そこでの最も基本となる考え方である「資質・能力」を具体的に表したものだからです。そしてこの資質・能力の枠組みが基本となり、幼小中高の一貫した教育を可能にしていくことを目指しているからです。

　資質・能力は知識・技能面と思考力・判断力・表現力の面、そして学びに向かう力・人間性の面という3つの柱で表されています。それが学力の骨格をなすものとして提起されているのです。幼児期には学ぶプロセスのあり方としてその枠組みが整理されています。

　そのプロセスを進めていくのが保育として大事なことになるのです。そのために資質・能力を具体的なものとしたこの10の姿が頼りにできます。それは保育内容の5つの領域に応じて資質・能力をかみ砕いたものですから、実際の幼児教育場面で見えやすくなっています。ですから、「姿」として保育者がとらえ、保育の見直しと方向付けに使う資料にもなるようにしてあります。同時に、小学校への接続の際に小学校としてもこの10の姿で子どもの様子を検討することで、幼児期の育ちを踏まえた低学年教育を実施できます。

　本書では、それぞれの姿について、理論的なあり方とともに実践的な工夫を事例により紹介しました。それぞれの専門家の論考とともに実践事例を読み合わせることで10の姿が具体的に把握できるでしょう。

白梅学園大学名誉教授

無藤　隆

目次

発達からみる「10 の姿」の保育実践

●目次●

第2章　「10の姿」をトータルに育てる保育実践

第3章　「10の姿」を育てるカリキュラム・マネジメント　177

資料

表紙・本文イラスト／チョッちゃん

序 章

なぜ「10 の姿」が求められるのか

白梅学園大学名誉教授●**無藤　隆**

　「幼児期の終わりまでに育ってほしい姿」（略称、10 の姿）とはどういうことであり、どういう意図に基づき、2017 年改訂において、幼稚園教育要領、保育所保育指針、幼保連携型認定こども園教育・保育要領に組み込まれたのでしょうか。言い換えればすべての日本の保育・幼児教育（以下、概括的には幼児教育と呼び、個別の援助行為は保育と呼ぶようにしたい）の基本をなす 1 つとされたのかを解説します。いずれの要領・指針においてもその第 1 章の中に置かれたことはそれが幼児教育にとって中核的な意義を持つことを示しています。

1　要領・指針の論理構成からの位置づけ

①環境への関わりと遊びから

　乳幼児は環境への関わりを通してとりわけ自発的な遊びを通して学びます。

②見方・考え方とは

　その最も中心となることを幼児教育の「見方・考え方」と呼びます。「幼児が身近な環境に主体的に関わり、環境との関わり方や意味に気付き、これらを取り込もうとして、試行錯誤したり、考えたりするようになる」ことであり、そのようなあり方を幼児教育において育成するのです。

③資質・能力の育成

　そこで育つ基本的な力を資質・能力とし、気付くこと（知識・技能の基礎）、思考し工夫すること（思考力・判断力・表現力の基礎）、意欲を持ち粘り強く取り組み協力すること（学びに向かう力）からなると整理しました。それは認知面（気付きと思考）と非認知面（学びに向かう力）とからなります。最も根本には、まわりの自分を含む世界にある諸々に関わり、その関わりの肯定的体験を通して、それらを愛し、知っていくという過程に生きることなのです。

④保育内容のねらいと内容によって具体化する

　具体的な内容として5つの領域を措定しています。健康、人間関係、環境、言葉、表現の領域です。それはまわりの世界のあり方を仮に分類し、園などの環境に実装するための手引きとなるものです。

⑤資質・能力から幼児期の終わりまでに育ってほしい姿へ

　資質・能力をその具体的な内容をもった活動を導くことにより育てていき、それは例えば、幼児期の終わりには10個の姿として整理もされています。その意味で、幼児期の終わりまでに育ってほしい姿は幼児が園において経験することの多様性と深さをプロセスとして表し、経験の豊かさをまとめたものなのです。それは幼児期に完成するものではなく、その時期に顕著に姿として現れてくるものであり、小学校以降においても継続的に発達していくと見なされます。

2　資質・能力と10の姿を保育そして小学校教育に活かす

①根幹にこの世界への関わりとしての資質・能力の育成があり、それは小学校以降も続く

　乳幼児期の教育を通して育てることの根幹は子どもの資質・能力を長期にわたり育成することであり、その育ちは小学校以上の教育の基盤となり、小学校以降でもそこでの学習の根幹となるのです。資質・能力は知的な知識に関わる面、知的な思考力に関わる面、意欲・意志・

社会性に関わる面とからなると整理されています。乳幼児期にはそれらは育っていくプロセスとして相互につながり合い、１つの活動の中でどれもが発揮され伸びていきます。その３つの柱は総体として子どもがまわりの物事に関わり、特徴を見出し、それに応じて好きになって、さらに関わろうとしていく過程を示しています。資質・能力のさらなる根幹を世界への愛と知の過程として捉えることができます。知的な面としての気付きと思考、そして愛としての心情・意欲・態度から発する学びに向かう力です。

②具体的な活動の内容として５領域はこの世界のあり方の種別である

　具体的な活動の内容として５つの領域が整理されています。その内容に応じて資質・能力の育ちはより具体的なものとなっていきます。それは具体的な内容の特性を踏まえてそこでの物事を知り、関わり方を身に付け、自分のやってみたいことを実現しようと工夫し、自分が仲間とともにできるのだと希望を抱き、そしてそれらの物事や関わりを好きになり関わって続けていこうとすることです。５つの内容領域とは、この世界の諸側面であり、子どもが愛し知っていく世界のあり方のリストなのです。

③10の姿とはこの世界への愛し知っていく関わり方のリストである

　幼児期の終わりまでに育ってほしい姿とはその世界への愛し知っていく関わりの内容に応じた関わり方のリストなのです。それは、方向として育っていきつつあることであり、「姿」として保育者が子どもの様子を捉えることで見えてくるものを指しています。幼児期の終わりに向けては、そういう重点的なところの援助を意識して進め、幼児期の教育の１つの区切りをつけていきます。それは完成体というよりは、子どもが環境に出会い、そこでの経験を積み重ねて、保育としての実践を豊かにしていくためのものです。その育ちゆく様子を姿として描き出し、資料としてまとめ、保育者間、対保護者、そして対小学校へと共有していくのです。

④10の姿の用い方の要点

　幼児期の終わりまでに育ってほしい姿とは子どものなっていく過程を示しています。その完成形でもないし、力自体でもなく、子どもが育ちゆくあり方を保育における子どもの活動の様子から整理したものです。保育者の願い、言い換えれば保育を付託する保護者の願い、さらに幼児教育を公的な教育として実現している公衆の願いを受けたものでもあります。そう育っていってほしいと願い、その過程の実現に尽くすのが保育者の仕事であり、それを受けて、小学校の教科等の教育の基本に10の姿を置いて、その上に教科等の固有の教育を進めることが小学校教育の責務となるでしょう。

　保育者はこの10の姿について「姿」として保育の様々な活動の振り返りと見通しに活かすのです。保育をしながら見えてくるところをさらに記録などで補い、そこで育っていくであろう10の姿を取り出すことができます。それを保育の指導計画に活かし、改善を進めます。なお、その10の姿が1つずつ特定の活動に対応するということではなく、1つの活動を見れば、そこにいくつかの姿が並行しまた継起して現れるはずです。その姿は保育者同士また保護者さらに対小学校教育とも共有するための共通言語としていき、連携さらに接続などに用いることができるでしょう。

3　10の姿の各々が示すこと

①健康な心と体

　これは保育内容健康に対応し、主に小学校で言えば体育と保健とに発展することです。健康な習慣の形成を目指すのですが、子どもの充実感、意欲、見通し、自ら行うことを重視し、そこに資質・能力の現れとして保育を進めることが強調されています。

　しなやかな心と体の育成を基本として、特に運動発達についてのポイントを挙げると、何より小さい時期の運動能力の育ちは協応するこ

とが中心となります（身体の諸部位を関連づけて1つの運動へと向けていく）。まず歩くこと・移動することが第一の基礎的な運動です。全身運動であり、環境に応じた動きです。各部位の強さとともに関節の柔軟さが育っていきます。全身運動が主なスポーツが望ましいでしょう。また、手や足の指先の動きを要する遊びが大事となります。他の人と協調する身体遊びを取り入れることも必要です。

②自立心

　これは主に領域人間関係に含まれますが、幼児教育の中心となるものです。生活習慣の自立と呼ばれることを超えて、主体的に、楽しむ、自覚し、考え工夫、諦めずにやり遂げる、達成感、自信となっていきます。まさに資質・能力の学びに向かう力の中核をなすものです。

　小さい子どもは自らの潜在的力を主体として（エイジェンシー）発揮したいと感じています。そこから有能感、自己肯定感、自信が生まれるでしょう。回りのまだできないがいつかやれそうなことに憧れを持ち、試みます。それは模倣であり、つもりとなり、ごっことなり、試行となります。自分が見つけたこと、自分がやれたことから自立が始まり、その確認を通して自立が確立していきます。

③協同性

　領域人間関係の内容の取扱いとして特記されています。関わりの中で、共有し、共通の目的へ、考え工夫し協力し、充実感を持ち、やり遂げようとしていきます。それは仲良し関係から協同性へと発展していくものです。

　まず、そばにいる、同じことをするところから友達関係は始まります。一緒にいてくつろぐ何人かが生まれ、そばにいるだけで楽しいとなります。そこから、自分の言い分を通すだけでなく、相手の言い分に耳を傾けることも生まれます。対立したときに妥協案を提供し、あるいは聞き入れられるでしょう。一緒にやるための目標を提起したり、計画に沿って動いたりします。一緒の目標に向けて役割分担して協同するようになっていきます。

④道徳性・規範意識の芽生え

　領域人間関係の道徳性の芽生えと規範意識の芽生えを受けています。善悪の行動を分かり、振り返り、共感し、相手の立場に立つ。また決まりつまりルールの必要から気持ちを調整し、折り合いをつけ、決まりを守るだけでなく、作る経験もするということです。

　幼児期の道徳性の元とは相手への思いやりです。困った人を助ける、加害者には否定的に反応する、被害者に同情します。人として良いこと・悪いことは大人の言動や絵本などにより伝えられるでしょう。規範意識とはルールの理解と自分たちのやりたいこととの折り合いをつけて、守ろうとすることです。ルールは身近な場（家庭や園）でのものとともに、社会でのルールがあることが分かっていきます。ルールを遊びなどで守ることや作り替えることからルールの意義を把握するでしょう。

⑤社会生活との関わり

　ここには領域人間関係の内の、園の外の人間関係、特に家族と地域社会とが扱われ、またその中で用いられる情報の活用が示されています。家族の大切さ、地域の人との多様な関わり、子どもとしての貢献の喜び、地域への親しみなどと、必要な情報として伝え合い役立てる体験をします。さらに公共施設の利用から社会の中での皆が使うことへの意識を育てます。それは市民性の教育へとつながるものであります。

　家庭での養育と園での保育は相互に重なり合い、尊重し合い、補い合うものです。地域には隣人、高齢者、障害のある人、外国につながる人、小中高校生などなど、多数の人が暮らしています。商店街などで働く人もいるでしょう。子どもの世界をもっと多様にして、園と家庭とさらに地域などに活動する場があり、そこに生き生きと暮らす人がいることを子どもが実感できるようにして、ともに暮らす人たちとして子どもが参加できるようにしていくのです。

　情報とは特定の目的に役立つ限りにおいて用いる知識を指していま

す。絵本、図鑑、タブレット等、情報を得る手段は広がりました。それを実際の活動とつなげ、情報を使う経験としていきます。体験したことなどを整理して、目的にふさわしく情報化する経験が重要になります。

⑥思考力の芽生え

　領域環境では思考力の育成を強調するようになっています。子どもの身近な事象への関わり、物の性質・仕組み、気づき考え予想し工夫することです。友達との関わりからいろいろな考えがあることに気づき、自ら判断し考え直します。新しい考えを生み出す喜びを感じます。

　特に物の特徴や仕組みについて考えることは科学的な思考の芽生えとなります。物事の多様な独自のあり方に触れ、驚きを感じます。変わらない特性と変わる特性があることに気づきます。外側は内側の仕掛けで動き、その仕組みから動きが現れることを探索します。それを作り替え、作り出します。また生き物など寄り添い、変化し変容する過程を見守ることもあります。

⑦自然との関わり・生命尊重

　領域環境の中に生物またそれを含む大自然との関わりが示されています。環境教育また持続可能性という意味でも大事な項目です。自然に触れて感動することから、好奇心・探究心、愛情・畏敬の念、生命の不思議さや尊さ、接し方とともに大切にする気持ちを育成します。

　動物、植物、その他の自然（砂・土や水や風や光や）との触れ合いを可能にしていきます。動物では特に哺乳類は継続的な飼育により世話をすることから愛情のある関係が生まれます。虫は不思議で面白い、捕まえて集めて、飼う試みをするでしょう。植物では草花や木々の実や野菜の栽培をします。いずれも使ってみる、食べてみるのです。日々世話したり、接したり、遊びに使ったりします。将来の生態学的なあり方の理解のための基礎としてその実感が必要です。すべての生き物・自然は互いに支え合い、共生の関係にあると分かることを目指します。

⑧数量・図形、文字等への関心・感覚

　領域環境の内容の取扱いで示されていることです。算数の計算、国語の文字の習得を先取りするものではありません。それらに関わる体験から、その役割への気づき、活用、興味・関心、感覚を養うことに進めます。

　文字について、幼児はまず読むことを習得し、書くのはその後、徐々に進むでしょう。日本語のかな文字は読むのに易しいが、書くのは難しいものです。言葉遊びは文字を音節に分解する練習となります。日本の環境では文字がいたるところで使われていて、そこで、文字（絵文字を含む）と意味と発音が対応付けば、すぐに覚えます。遊びの中でうまく書けなくてもよいので、書く機会を提供することもあるでしょう。

　数を数えることは小学校入学前後に整数の数直線を頭の中に表象することに発展していきます。幼児期には一定の範囲の数について（3→5→10→20→……）、どんな物についても数えるように進んでいきます。加えること（1つ加える）、引くこと（1つ取り去る）から直感的な足し算と引き算が少しずつ始まります。遊びや生活のいたるところで数えることや量を比較することが出てくるので、それが日々の学びとなるでしょう。それは小学校算数への導入を超えてその基盤となる数学的感覚を養うことなのです。

⑨言葉による伝え合い

　領域言葉では言葉を使ってコミュニケーションをすることを重視しています。特にやり取りとして言葉を使うようになることです。それは言葉を整えることの前に気持ちの通い合い、絵本の経験、相手の話を聞く、経験したことを話す、などの伝え合いから育つものです。

　言葉の力は特に大人が子どもと言葉を通して関わることで育ちます。言葉の芽生えは乳児期からのやり取りにあります。言葉は声の調子、身ぶり・表情、物の受け渡しや指さし、前後の状況などから理解されるでしょう。特に子どもと大人の言葉を使ったやり取りが要です。

子どもの言葉を拡張することが大事です。絵本の読み聞かせはそこに新しい言葉の理解が含まれています。子ども同士のやり取りを大人が支えることも起こります。言葉遊びは言葉を分解し組み立てることの練習でもあります。

⑩豊かな感性と表現

　物事の出会いで心が動き、その美しさや素敵さを感じ、そこから自分でも表現したいと感じるでしょう。素材の特徴や表現の仕方に気づき、自分でも表現して、その喜びを味わいます。

　造形表現、音楽表現、身体表現（ダンスや演劇）が主な言葉以外の表現であり、いずれも幼児期にその基礎が育ちます。音楽の始まりは音の感受にあります。特に自然の音（水、風、積み木など）と声が重要です。リズム遊びから音楽が始まります。完成された高度な音楽は良い響きで聞く必要があります。造形は色や形の面白さに気づき、遊ぶことから始まります。なぐり描きから見立てが始まり、絵となるでしょう。絵・造形には美しさ、記録、説明、等々様々な機能があり、多様な描き方があります。描く絵の具や筆、紙など多種多様なものにしておきます。平面・空間を意識し、その広がりを作り出し、構成することへと向かっていくでしょう。型通りではなく、思いつきや偶然を大事にし、面白がるところから造形感覚が育ちます。演劇の始まりはごっこにあります。ダンスは総合的な身体運動であり、音楽活動でもあり、ぜひやってほしいことです。

第 1 章

「10 の姿」の育て方

1 健康な心と体

「健康な心と体」にかかわる発達と保育

國學院大學教授●鈴木みゆき

生活の中の発達の姿

　3歳頃になると基本的な運動機能や神経の発達に伴い、食事、排泄、衣類の着脱などもほぼ自立できるようになります。ただ個人差も大きく、中には家庭での体験不足から園で自立に向けて挑戦する姿も見られます。最初は身近な保育者に依存していますが、徐々に自分からしようとする意欲をもちます。意欲をもつことは基本的生活習慣の形成に欠かせない一歩であり、気持ちに寄り添いながら「できた」喜びにつながるよう環境を整えていきましょう。一方で「できた」感覚は自信につながり、保育者の手助けを拒む姿も見られます。

　運動能力も、歩く・走る・跳ぶ・押す・ぶら下がるなどの基本的動作ができるようになり、多様な動きを経験することで自分の身体の動きをコントロールできるようになっていきます。動くことでお腹がすき、寝つきも良くなる……一日のリズムが生活習慣の形成につながります。

　4歳頃には全身のバランスをとる力が発達し、片足跳びやスキップなど自分で自分の体の使い方が巧みになります。また身近な環境への興味が広がり手先指先の巧緻性も高まってくるので、さまざまな活動の中で想像力を膨らませたり、逆に葛藤や不安を感じたりします。「やってみたい」意欲と友だちと一緒に「思いが叶う」体験を大切にしたいと思います。心と体が動く体験を積み重ねる中で、身体の諸感覚を使った感性が育ちます。感性は気づきを生み、気づきは学びを生み育てます。感情表現が豊かにな

る頃でもあるので、相手の気持ちに触れ、少しずつ自分の思いも調整する体験を積み重ねていけるといいですね。

5歳頃になると基本的な生活習慣が身につき、運動機能はますます伸び、喜んで運動遊びをしたり、仲間とともに活発に遊んだりする姿が見られます。

起床から就寝まで生活に必要な行動のほとんどを1人でできるようになります。保育者に指示されなくても一日の生活の流れを見通しながらとるべき行動を理解し、食事、排泄、着替えなどを進んで行おうとします。自ら生活の場を整えるとともに、人の役に立つことがうれしく誇らしく、食事の準備を手伝うなどの姿が見られます。

運動能力はさらに高まり、集団で活発に動いたり、自ら決めたことに挑戦したりする姿が見られます。目的を一緒にする仲間と決まりを作って守ろうとしたり、自分なりに考えて判断したりする中でしなやかな心と体が育っていきます。

安全で健康な生活をつくる

食事、睡眠、排泄、衣服の着脱、清潔などの基本的生活習慣は、幼児期に形成され、自立へと育っていきます。園生活との連続性から考えても家庭との連携は欠かせません。それぞれの家庭の事情に配慮した上で一緒に取り組めることを模索し、健康への関心を高めていくことが子育ての支援につながります。

運動機能の発達は個々の好きな遊びから仲間との楽しい遊びへと広がり、心と体が動く体験を積み重ねることでしなやかさを身につけることができるでしょう。

安全への認識は、さまざまな「危険」を想定し、ルールを守る、保育者に従うなどの「トレーニング」をすることで深まります。日々の生活で体験することが非常時にも力を発揮していきます。

1 健康な心と体

見通しや期待が生活面の自立へと つながる3歳児

東京都荒川区立汐入こども園主任教諭●井村果奈枝

1 「健康な心と体」にかかわる3歳児の保育のポイント

　生活面での自立が遊びにも大きな影響を及ぼすのが3歳児です。

　まだ経験が少ない3歳児にとっては、実際に経験することで初めてわかっていくことも多くあります。体を動かすことが楽しいと思える経験を積み重ねることも大切です。ごっこ遊びやイメージの世界を楽しみながら取り組める活動を工夫することで、一層遊びを楽しむ姿を引き出すことができます。一つひとつの経験を大切にしていくことで、見通しをもつことや、活動への期待にもつながっていきます。

2 「健康な心と体」にかかわる3歳児の保育実践の具体

(1) 排泄の自立（6月）

＜もうすぐプール開き＞

　プール開きの日が近づいてきました。3歳児こあら組にとっては初めてのプール遊びです。保育者は、初めての子どもたちもシャワーなどの手順がわかり、安心してプールに入れるよう、水の入っていないプールにみんなで入り、プールごっこをすることにしました。実際に入るときには、オムツが外れていない子は衛生上の理由からプールに入れません。A児はまだオムツが外れていなかったため、プールごっこのときから「オムツが取れたら一緒に入れるよ」と伝えていましたが、まだよくわかっていない様子でした。

　A児は2歳児から本園に通っている進級児です。気持ちを切り替えるのが難しいなど行動面の配慮が必要だったこともあり、5月からA

児にできるだけ1対1で付くようにし、トイレにも誘うようにしていましたが、まだ本人の気持ちは排泄に向かっておらず、トイレに行ってもふざけてしまって座ることなく戻ってくることもしばしばでした。機嫌の良いときにトイレに座るように誘い、座ってみてもおしっこは出ません。家庭とも連携を取り、園でも家庭でもトイレに誘うようにしていきました。

　5月の終わり頃に午睡から起きたときにトイレでおしっこが出るようになり、時間を決めて誘うことで徐々に日中もトイレでおしっこが出るようになってきましたが、まだオムツは外れていませんでした。

＜プールに入りたい！＞
　楽しみにしていたプール開きですが、A児はまだオムツが外れていないため中には入れず、プールの傍らに用意したタライと玩具で遊ぶことになります。あらかじめ伝えてあったものの、実際その場面になってやっと「プールに入れない」ということがわかったようです。プールに入りたい気持ちから、その日は大泣きをして、なかなか気持ちが切り替えられませんでした。

　しかしその後、A児は徐々に自分で尿意を感じてトイレに向かうようになっていきました。家庭からパンツを持ってきてもらうと、数回漏らしてしまうこともありましたが、1～2週間ほどでオムツが取れ、みんなと一緒にプールに入ることができるようになりました。

＜まとめ＞
　A児のオムツが外れたのは、体の準備ができたことはもちろん大きいですが、それだけではありません。プール遊びを楽しみにする気持ちや、友だちの楽しそうな姿を見たこと、「オムツが外れたらプールに入れる」と期待や見通しをもてたことが排泄の自立につながったのではないでしょうか。排泄が自立することは、その他の生活や遊びの場面での成長にもつながります。

（2）　バランスの良い食事（10月）

＜おみそ汁作りたいの＞

　本園では、毎日栄養バランスを考えた給食を提供しています。しかし、苦手な食べ物を残す、食への関心が薄い、まったく食べないメニューがあるなど、子どもたちの実態はさまざまです。保育者は「全部は食べられなくても、給食に興味をもって『食べてみよう』と思ってほしい。いろいろなメニューで献立が構成されていることに気づき、子どもたちなりにバランスの良い食事について考えるきっかけを作りたい」と考え、献立を作って遊べる塗り絵の教材を準備していました。

　そんな折、B児が保育者に「おみそ汁作りたいの。折り紙ちょうだい」と言いに来ました。保育者は用意してあったみそ汁の塗り絵を見せ、「折り紙じゃなくてこういうのもあるよ」と手渡しました。喜んで受け取ったB児は、みそ汁を塗り終わると「ごはんもほしい」「あとおやさいがあるといいな」と、1つ終えるたびに伝えてきたので、保育者はそのつど食材の塗り絵を渡していきました。B児の様子を見て他の幼児も集まってきて、一緒に塗り絵を楽しみました。満足するまで塗り絵をするとB児は、その食材をままごとコーナーに持って行き遊び始めました。保育者とやり取りをしながら一緒に遊ぶと食べ物屋さんごっこが始まり、「ごはんやさんですよー！　食べてくださーい！」

とお店屋さんになりきってかかわりを楽しみました。

＜バランスの良い給食を作ろう＞

　塗り絵を使って遊ぶ姿が1週間以上続いた頃、みんなの給食をバランス良くしてくれる"妖精"の出てくるパネルシアターで、一汁三菜が揃った給食を食べると元気が出ることを伝え、妖精に給食を作ってあげることにしまし

た。自分たちで塗った食べ物か
ら自分の好きなメニューを選び、
お盆に見立てたシートに貼って
いきます。ごっこ遊びを楽しみ
ながら選べるように、食べ物を
お店のように並べたり、果物を
木からもげるようにしたり、お
鍋からお玉でみそ汁をすくって載せられるようにしたりし、環境を工
夫しました。中には取りたいものをすべて取る子もいましたが、パネ
ルシアターの内容を思い出して、1つずつ選んで貼っていく子がほと
んどでした。

　作ったメニューを掲示していくと、とても嬉しそうに自分の作った
給食の説明をしています。「妖精さんに見せてあげよう」と発表をす
る場を作ると、たくさんの子が自分の給食を見せたいと前に出て、「ハ
ンバーグにしたんだよ」「くだものはりんごだよ」と自分が選んだメ
ニューを妖精に紹介していました。

　この遊びを通して、給食の構成を知り、意識するきっかけとなりま
した。食への興味も高まり、給食の時間には、苦手な食材も少し食べ
ようと挑戦する姿も見られるようになりました。

＜まとめ＞

　子どもたちの興味や発達に合った教材・環境を用意することで遊び
が広がり、給食にも目を向ける姿が引き出せました。

3　保育のポイントを生かした環境・教材教具づくり

　3歳児には特に、安心して取り組める環境、友だちの姿を見て期待
や意欲をもてる環境をつくることが必要です。ごっこ遊びやイメージ
を生かして楽しめる踊りや遊び、自分たちで作って遊べる教材を用意
することで、楽しみながら関心を広げていくことができます。

1 健康な心と体

やりたいことに向かって心と体を働かせる4歳児

東京都荒川区立汐入こども園主任教諭●井村果奈枝

1 「健康な心と体」にかかわる4歳児の保育のポイント

4歳児では、実物に触れる体験、諸感覚を使って味わうなど、さまざまな経験を増やすことを大切にしたいです。やってみたいと思ったことを実現させる手助けをし、「思いは実現できる」と実感できる経験を積み重ねていくことが、やりたいことに向かって心と体を働かせる姿につながります。友だちとのかかわりが増えてくる時期なので、子どもたちの気づきを大切に扱い、共有する場を作ることで「もっとやりたい」と意欲が高まっていきます。

2 「健康な心と体」にかかわる4歳児の保育実践の具体

(1) 大豆からきなこともやしができた（2月）

＜大豆からきなこの匂いがした＞

"知らないもの"は怖いものです。「知らないから食べたくない」ではなく、身近な食べ物を増やし「食べてみよう」と思えるように、実物に触れ、諸感覚を働かせて味わう経験を大切にしてきました。その積み重ねから、節分で豆まきをしたり年の数の豆をいただいたりした際にも、大豆の匂いを嗅ぐ子が多くいました。特に興味をもっていたC児とD児はその後、保育者の元に「大豆からきなこの匂いがしたのを発見したから、みんなに言いたい」と言いに来ました。学級の集まりで紹介すると、他児からも大豆についての話がたくさん出てきました。保育者が「大豆からきなこができるのかな？」と聞くとE児が「混ぜてゆるめるとできるよ」と答えます。節分にちなんで、学級の本棚

18

に大豆の絵本を置いていたのですが、Ｆ児は「（その絵本で）きなこになるって書いてあるのを見た」と言っています。大豆からしょうゆ、豆腐、納豆、豆乳ができると言う子も出てきました。大豆がさまざまな食品の原料になっていて、自分も食べていることを知っていたようです。食べ物の他にも「枝豆をからからにすると大豆になるんだよね」「光の方にのびる」とＣ児・Ｇ児が言い、「植えてみたい！」という声もあがりました。最近育てているヒヤシンスのことを思い出して「水でも育つ」と言う子もいます。

　翌日、集まりの時間にＦ児が話していた大豆の絵本を読むと、本当に大豆からきなこができることがわかりました。「先生、栄養士の先生に豆が余っているか聞いてみて！（きなこ作りの）実験してみたい！」とますます盛り上がる子どもたち。栄養士とは、今までも収穫した野菜を調理してもらうなどしてかかわってきた経験がありました。

＜きなこを作って食べてみよう＞

　栄養士に相談し、きなこを作って食べられることになりました。絵本に載っていたように、すり鉢とすりこぎを使って大豆をすりつぶしていきます。やりたい子どもが順番に取り組めるように朝から用意しておくと、学級の子どもたち全員が「やってみたい」と自然と集まり、少しずつ経験することができました。中でもＣ児、Ｄ児、Ｅ児は「きなこの匂いしてきた」「いいにおい、おなかすいてきちゃった」「もっと入れて！　楽しいから」と夢中で取り組みました。簡単には粉末状にならず、時間がかかりましたが、絵本に載っているきなこの写真と比べながら"このきなこの形になったら完成"と見通しや期待をもちながら、根気よくすりつぶ

していきました。自分たちで頑張って作ったきなこは「大豆の味がする」と、より一層大切に食べていました。

<もやしができた！>

　その後、自分たちの学びを振り返り共有できるように、保育者が写真を使ったドキュメンテーションを作成して保育室に掲示しました。子どもたちが興味をもって見ていたため、"大豆"と"水でも育つ"がつながることを期待し、保育者はこの

タイミングで「もやし」の絵本を読むことにしました。この絵本を読んだことで、大豆でもやしを育ててみようと決まりました。大豆は生のものだけでなく、「(節分で撒いて、きなこにした)"炒った豆"も育つかも」という意見が出て、どちらも試してみることになりました。他にも絵本に載っていた"大根"や"さやえんどう"は畑に植えた残りの種がちょうど残っていたので、一緒に育てようと決まり、大豆や種を水につけてふやかすことから始めました。

　翌朝登園するとすぐに大豆や種を見に行く子どもたち。Ｆ児は大豆が水を吸っていることに気づき、Ｇ児は匂いを嗅いで確かめていました。再度「もやし」の絵本を見返し、「暗いところがいい」という部分に気がついた子どもたちは、今育てているヒヤシンスの水耕栽培を

思い出し、同じように黒い画用紙でカバーを付けることにしました。さらに翌朝、芽が出ていることに気づいたＥ児、Ｃ児、Ｈ児が学級の集まりで紹介し、自分の育ててみたいものの水やりを交代で行うことに決まりました。

　その後、毎日水をやりましたが、炒っ

た大豆は納豆のような匂いになっていました。気づいたG児が学級の集まりで相談すると「もう出ないってことじゃない？」「バリアが弱くなってるから育たないで納豆になるんだよ」「（絵本に載っていたように）わらに入れていないのに、どうして納

豆になったんだろう？」「空気を入れないで試してみたい」とさまざまな意見が出ました。その後、空気穴をふさいで実験は続きました。炒った大豆以外の３つについては順調に育ち、保育者が用意したもやしやかいわれと比べて「（同じ）もやしができた！」と喜び合いました。

＜まとめ＞

　食べ物への興味から、始まった活動です。園生活の中で心が動いたタイミングをとらえ、その後の発展を予想しながら環境を準備し、子どもたちの興味を生かしながら活動を展開していくことで、学びがさらに深まっていくことがわかります。小さなことでも子どもたちの「やってみたい」と思ったことが実現できるように援助を重ねてきたことが、「思いを実現できる」という前向きな見通しにつながっています。

　友達に伝えたいという気持ちも増し、刺激を受け合って活動が展開していくため、共有する場を保障することも大切です。

3　保育のポイントを生かした環境・教材教具づくり

　子どもたちの興味を読み取り、心と体が動く環境を用意することで「もっとやりたい」と遊びが深まっていきます。環境を再構成し機をとらえて遊びが展開していく手助けをすること、自分でできそうなことや少しだけ難しい教材を提示することで意欲を引き出します。

　共有の機会として、集まりの時間を活用する他に、ドキュメンテーションを掲示して学びを振り返れるようにすることも有効です。

1 健康な心と体

自ら健康で安全な生活をつくり出そうとする5歳児

東京都荒川区立汐入こども園主任教諭●井村果奈枝

1 「健康な心と体」にかかわる5歳児の保育のポイント

　5歳児では、友だちと一緒に充実感をもって体を動かすことを楽しめる活動を取り入れていきます。学級のみんなで取り組む中で友だちから刺激を受け、さらに意欲も高まります。健康について目を向ける経験を重ねられるような場の設定や、経験と経験をつなげる援助を重ねることが、見通しをもって行動したり考えたりする姿につながります。今までの経験や知識をもとに、健康に過ごすために考える機会をつくることで、自ら健康で安全な生活をつくり出すようになっていきます。

2 「健康な心と体」にかかわる5歳児の保育実践の具体

(1) リレーをきっかけにみんなで決めた生活目標

＜運動会でリレーをやりたい（9月）＞

　昨年度の年長の姿に憧れ「運動会でリレーをやりたい！」という声が上がり、今年度も年長ぞう組とらいおん組で学級対抗リレーに取り組むことが決まりました。初めての取組みの後の振り返りでは「諦めないで頑張って走る」「全員が頑張ったから」「みんなで一緒に走ると心が燃えてパワーが出た」「『力を合わせて頑張るぞ！』の気持ち」と、学級の一体感も感じている様子でした。その後、速く走るためのコツを友だち同士で紹介し合ったり、小学生の兄に聞いてきて実際に走ってみたりしながら、意欲が増していきました。

＜今までの経験の積み重ねから＞

　リレーの取組みが始まったのと同じ９月に、夏休み中に取り組んだ
"夏の生活表"を紹介しながら、寝る時間と起きる時間について考え
る場を設けました。"夏の生活表"は、楽しみながら生活リズムを整
えられるよう、起きる時間や寝る時間・生活の約束を家庭で決めて取
り組む教材です。早寝早起きが大事だという声が多く上がる中、「夜
寝るのがどうしても遅くなっちゃう」と正直に話す子もいました。そ
れに対してK児が「いっぱい遊ぶと眠くなるよ」と助言をしたことで、
「確かに！」「やってみる」と前向きにとらえ直す姿が出てきました。

　また、子どもたちは今までに、給食に出てくる食材を三色食品群に
分けたり、栄養士からそれぞれの食品群のもつ力について教わったり
する経験も重ねてきました。

＜生活面での変化＞

　リレーの取組み自体だけでなく、生活の場面でも変化が現れまし
た。I児が苦手な野菜や牛乳を完食したり、食べてみようと挑戦した
りするようになったのです。保育者が理由を聞くと「リレーで走るの
が速くなるから。みんなにも教えてあげたい」と言うので、学級の集
まりの時間に発表の場を作ることにしました。I児は「いっぱい食べ
ると体が強くなる」と紹介していました。それを聞いた他の子どもた
ちも「食べると体に栄養がいって、筋肉がついたり、風邪から守って
くれたりする」「あと、寝るのも大事なんだよ」と自分の知っている
ことを積極的に伝え合っていました。

　翌日の給食の時間には、I児の話から刺激を受けたL児とM児が苦
手な野菜を食べようと挑戦していました。それに気づいた周りの子ど
もたちやI児も嬉しそうな様子です。1学期は給食で皿３枚分にもな
る量の残飯がありましたが、その日は１口分程しか残りませんでした。
保育者がそのことを学級全体に紹介すると全員で喜び、「らいおん組
はもっと強くなるぞ！」と友だち同士言い合う姿が見られました。

<みんなで決めた“「運動会まで頑張るぞ」の約束”>

　しかし、らいおん組はその後連日リレーで負けが続いてしまいました。振り返りの際Ｎ児から「朝ごはんを食べないと元気が出なくて負けちゃうよ」という意見が出たのをきっかけに、Ｏ児が「寝るのが遅かったからパワーが出ない」と話していたことも保育者から紹介をし、みんなが“元気に”頑張るためにどんなことをするとよいか話し合いました。相談の結果、“らいおん組の「運動会まで頑張るぞ」の約束”として「①早く寝て、早く起きていっぱい寝る」「②朝ご飯をいっぱい食べる」「③いろいろな食べ物をいっぱい食べる」の３つが決まりました。登園時間が遅れがちな子も多い学級でしたが、早く起きるよう「明日から毎日、朝９時に来てみんなで“秘密特訓”をしよう！」と決めたことで、それぞれの子どもが少しでも早く登園しようと意識するように変わっていきました。

　カウントダウンカレンダーを作って臨んだ運動会当日のリレーには負けてしまいました。悔しがっていたものの、それよりも今まで頑張ってきたことに対する達成感や充実感が大きかったようで、一人ひとり金メダルを受け取ると「今まで頑張ったからキラキラだ」「リレーでは銀メダルだったけど、これは金メダルだね」と喜んでいました。

（2）　小学校生活も意識した目標づくりへ

<運動会が終わったから終わりでいいの？（10月・11月）>

　運動会後、“らいおん組の「運動会まで頑張るぞ」の約束”について「運動会が終わったから終わりでいいのかな？」と改めて考えました。「元気がいっぱい出るように続けた方がいい」「次のらいおん組にも教えてあげないとね！」と意見があがり、継続していくことに決まりました。さらに、11月８日“いい歯の日”に「いい歯ってどんな歯？」とみんなで考えたことをきっかけに、約束に「④よく噛んで食べて、頑張って歯磨きをする」も加えることになりました。

＜劇遊びの会に向けた取組みの中で（12月）＞

　劇遊びの取組みを重ね、"お客さんまで聞こえる声"に意識が向いてきた頃、声が小さいことに気がついた子どもたち。声の大きさだけでなく、「眠いのかな？　みんな早く寝た？」「朝ごはんもちゃんと食べないとね」と、「元気が出ないのはなぜだろう」という視点から考えた言葉が自然に出るようになっていました。

＜小学生になったら早起きできるかな？（１月）＞

　就学が近づき「小学校はこども園よりも早く始まるんだって！」「早起きできるか心配……」と不安な声が聞こえてきました。みんなで考える場を作ると、９月にも出ていた「いっぱい遊んで疲れると眠くなる」ということや、「前の日に早く寝るといい。寝る前にゆっくりタイムを作ると寝やすいよ」「朝起きたときにカーテンを開けるといい」という実際に自分が行っている工夫を伝え合っていました。「小学生になったら目覚まし時計で自分で起きたいから、こども園に９時15分までに全員来るようにしよう！」と、改めて具体的な目標も決まり、主体的に取り組む姿につながりました。

＜まとめ＞

　自分のやりたいことのために健康な体が必要であることに気づいたことで、自ら健康な生活を生み出そうとする姿が出てきました。学級全体で生活目標として取り上げたことで、意識が高まりました。

3　保育のポイントを生かした環境・教材教具づくり

　生活表や三色食品群、見通しがもてるようなカレンダーの掲示など、視覚教材を工夫することで、健康で安全な生活に関することに目が向くようになっていきます。個人の取組みだけでなく、学級で生活目標を決めて掲示するなど、話し合ったことを残しておくことも有効です。

「自立心」にかかわる発達と保育

共立女子大学教授●**田代幸代**

身近な大人との信頼関係を基盤に自立する

　自分のことを自分でしようとする、するべきことがわかり自分で取り組むといった自立心は、身近な小さなことを自分でやってみる体験の繰り返しの中で育っていきます。生後間もなくは、周囲の大人の手助けがなくては生活できなかったところから、幼児期は心身ともに自立して自分の世界を広げていくようになります。身近な環境に興味や関心をもってかかわるようになり、日々の繰り返しの中で、食事、排泄、基本的な生活習慣など身の回りのことが自分の力でできるようになることは、大きな成長の姿です。

　その際に拠り所となるのが、保護者や保育者といった身近な大人の存在です。いつでも見守ってくれる、困ったことがあれば助けてくれる、そのような大人との信頼関係があることで、子どもは一歩踏み出し、自分の世界を広げていきます。

考えたり工夫したりして、自分のやりたいことを実現する

　生活の自立にとどまらず、自分の意志でやりたいこと、やってみたいことを見つけ、主体的に取り組む態度は、子どもにとって最も重要な資質・能力のひとつです。園生活の中で、子どもたちは、道具を使って描いたり作ったりすることや、イメージ豊かにごっこ遊びをすること、思い切り体を動かすことなど、いろいろな遊びを楽しんでいます。遊びを通して、できないことができるようになったり、難しいと思ったことが実現できたり

すると、子どもはさらに「次は～してみたい」「もっと～してみよう」という思いをもつようになります。うまくいかないことや、何度挑戦してもできるようにならないこともありますが、いろいろなやり方を考えたり試したりして、やりたいと思ったことを粘り強く実現するようになります。

　園には、いろいろな個性をもつ子どもたちがいます。それぞれの得意なことや好きなことがあり、それが互いに遊びの刺激となります。「自分もあんなふうにやってみたい」と憧れをもったり、「面白そうだな」と情報を取り入れたりしながら、自分一人ではできないことも、保育者や友だちの力を借りて実現することもあります。集団の中で自己発揮をして、周囲の友だちとのつながりの中でやりたいことを実現することで、自信をもって生活するようになります。

目標に向かって最後までやり遂げて、達成感をもつ

　幼児期後半になると、自分のやりたいことだけではなく、園生活全体のために必要な仕事や当番活動などにも、進んで取り組むようになります。自分でしなければならないことを自覚して取り組もうとしたり、難しいことでも繰り返し挑戦したりして、粘り強い取組みができるようになります。また、運動会や生活発表会など共通の目標に向かって、自分なりのめあてをもったり、友だちと力を合わせたりして、最後までやり遂げようとするようになります。

　こうした姿は、互いのよさを認め合い、思いや考えを出し合って協同して取り組むなどの人間関係の育ちが支えています。目標に向かって最後までやり遂げ満足感や達成感をもつことが、自分はやればできる、頑張りたいという気持ちを育てることにつながります。こうした自立心は小学校以降の学びの姿勢をつくるものとなっていきます。

2 自立心

園生活への安心感を基盤として育む自立心

東京学芸大学附属幼稚園教諭●町田理恵

1 「自立心」にかかわる3歳児の保育のポイント

　3歳児学年は、安心感をもって自分のやりたいことに取り組む中で、徐々に園の中に気に入った場所やもの、親しみのもてる他の子どもの存在などができ、自分のやりたいことができる楽しさを感じられるようになる時期です。また、保育者の支えを受けながら、徐々に自分のことを自分でしようとする態度が育ってきます。遊びの充実や身の回りのことを自分でできるという自信が、4、5歳児の園生活を支えていく基盤になります。そのことを踏まえ、一人ひとりの様子に合わせた丁寧なかかわりをもち、信頼関係を築くことが大切です。

2 実践事例

(1) 「インコにはっぱをあげよう」

　―保育者のかかわりをきっかけにやりたいことを見つけて繰り返すY児―

　Y児は、朝の支度を終えると、遊びたいことが見つからずに不安そうにしていました。保育者がY児を園庭に誘うと、Y児も外靴を履いたものの、その場に立ち尽くしてしまいました。保育者は、しばらく他の幼児と遊びながら、様子を見守っていましたが、じっとしたまま動く気配が見られません。そこで、保育者は花壇からレタスの葉を摘んできて、Y児に手渡し、一緒にテ

ラスのインコにあげる援助をしました。始めはインコの様子をじっと見ていたＹ児でしたが、インコがレタスをついばみ始めると、次第に表情が緩んできました。手に持っていたレタスが無くなったところで、保育者が「レタスを取りに行こうか？」と誘うと、うなずいて、側にいたＢ児と一緒に３人で花壇までレタスを取りに行き、Ｂ児と２人で新しいレタスをインコにあげました。この後はインコがレタスを食べ終わっては、新しいレタスを摘みに行くことを２人で繰り返していました。

(2)　「僕もバッタを捕まえたい」

　　―安心感をもって園生活を過ごす中で、興味や関心が広がっていったＴ児―

　Ｔ児は入園当初、保護者と別れることが不安で、泣いたり渋ったりすることが続いていました。保育者は、Ｔ児の不安な気持ちを受け止めながら、時には抱っこをしたり、側で寄り添ったりしながら気持ちが落ち着くのを待つようにしました。朝の所持品の始末を一緒に行い、Ｔ児の目印であるマークシールを確認しながら、コップやタオルを出したり、通園リュックをロッカーにかけたりすることを促しました。また、一つひとつの手順を行うたびに、「できたね」「ばっちりだね」などと声をかける援助を行うようにしました。Ｔ児は保育者の声掛けに小さくうなずきながらも緊張した様子で身支度を一つひとつ済ませていました。

　園生活に見通しや安心感がもてるようになってきた５月頃には自分から保護者と離れて登園するようになり、保育者の手助けがなくても朝の所持品の始末を済ませる姿が見られるようになりました。

　1学期のうちは、拠り所となる保育者や入園前から親しみのある友だちの側で遊ぶことが多かったT児でしたが、9月になると、園庭でバッタやカマキリを捕まえて遊ぶ他の子どもの様子に興味をもつようになりました。保育者もT児の興味に寄り添いながら、他の子どもが捕まえた虫をT児と一緒に見せてもらったり、「どこで見つけたの？」などと話したりしました。T児は保育者と他の幼児の会話を聞いたり、虫かごの中の虫をじっと見たりしていました。

　数日後、T児は「僕もバッタを捕まえたい」と言って自分から虫を入れるケースを取りに行き、ケースを手に、虫探しを始めました。なかなか虫を自分で捕まえることはできませんでしたが、その日以降、登園後、身支度を済ませるとすぐに、虫探しをする日が続きました。同じように虫探しをしている他の幼児の側に行って一緒に探したり、虫を見つけた時に、保育者や友だちを呼んだりして、園庭で過ごすことを楽しんでいました。

3　「楽しそうだな」「やってみたい」「自分でできた」を生み出す環境・教材教具づくり

　3歳児学年の保育には、子どもが思わずかかわりたくなるような遊びの環境が欠かせません。実践事例の（1）では、飼育しているインコとインコが好むレタスが花壇に植えてあるという環境がY児の「インコにレタスをあげたい」という思いや行動を支えていたことがわかります。

　（2）では、やりたいと思ったときに、すぐに手に取れるところに用意してあった虫を入れるケースがT児の自発的なかかわりを引き出していました。また、虫を入れるケースが数人で一緒に使う大きさの物ではなく、1人1つ持てるようなサイズのものを多く用意してあったことで、T児は自分のやりたいタイミングで虫探しに参加することができました。

　このように、「やりたい」と心が動いた時に、使いたいと思う物を

自分で選べるようにすること、3歳児でも扱いやすい遊具や道具を厳選することが環境づくりのポイントになります。

保育者や周囲の幼児と同じものを手に持ったり、使ったりすることで安心感を得られることが多いのもこの時期の特徴です。そのため、同じ種類の遊具を多めに用意したり、同じようなものが作れる教材を準備しておいたりすることも大切です。たとえば、段ボールで電車や車に見立てられるような枠を作ったり、広告紙を丸めた棒に蝶などの形や紙テープのリボンなどを付けられるようにしておいたりするなど、簡単に見立てたり、作ったりできる教材を工夫することが子どもの自発的な動きを引き出すことにつながります。

自分で自分のことを行うという視点では、所持品の始末や遊具の片付けがしやすい環境であることも大切です。写真やイラスト、個人のマークシールなどを用いて、所持品の何をどこに始末すればよいのか誰が見てもわかりやすいように工夫したり、物の置き方や置き場所をいつも同じにしたりすることで、子どもは混乱することが減ります。安心して身支度や片付けに取り組むことができるようになり、「自分でできた」「自分でできる」という思いをもつことにつながります。

このように、子どもが「楽しそう」「やってみたい」と思わずかかわりたくなるような環境や教材を用意し、それぞれのタイミングでかかわれるように支えること、身の回りのことを「自分でできた」「自分でできる」と思えるような環境を用意し、自分でできることを増やし、認める援助を繰り返していくことで、自立心が育っていきます。

2　自立心

友だちに影響を受けながら育つ自立心

東京学芸大学附属幼稚園教諭●菅　綾

1　「自立心」にかかわる4歳児の保育のポイント

　園生活に慣れ、1日の流れがおおよそわかり、身の回りのことを自分でできるようになった4歳児の子どもたちの自立心を考えたとき、次に育みたいのは、自分でやりたいことを見つけて取り組む、という遊びに向かう力です。やりたいことを実現するためには、ある程度の技能や経験が必要です。でも、それで個々の遊びに没頭するだけでは次第に満足できなくなっていくのが4歳児です。友だちと一緒に遊ぶ楽しさを感じる中で、個々の力も積み上げていくことが大切です。その双方の必要性を、2つの事例からお話しします。

2　実践事例

(1)　「リスになりたい」

　―友だちの遊びに魅力を感じ、自分もやってみようとする―

　R児は周りの友だちから慕われており、「一緒に遊ぼう」と誘われて遊び始めることが多いので、遊びが見つからないことはない代わりに、「今日はこれをして遊ぼう」と自分から遊び出すことはほとんどありませんでした。そのせいか、選択する場面や意見を求められたときに「どっちでもいい」と答えることが多くありました。

　秋になり、ごっこ遊びが充実してきたことを受けて、学級で劇遊びを始めると、普段から衣装を作って踊ることを楽しんでいたR児は、仲の良いM児と一緒に踊りが得意な妖精の役をすることになりました。普段はカラービニールを使ったスカートを身に着けていましたが、

より妖精らしく見えるようにと、ラメ入りのオーガンジーと不織布を重ねたスカートを作ることを提案しました。それは子どもたちのイメージに合ったようで、喜んでスカートを作り始めましたが、製作に苦手意識のあるR児は自分で作る自信がないようです。「ちょっと難しいな……できるかな……」と、保育者の顔をチラチラ見ながら手助けを求めるようにつぶやいています。保育者が用意したベルトに、ビニールの代わりに布をステープラーでとめていくので、全く新しいやり方ではないのですが、馴染みのない素材に戸惑い、また、普段は使わない布なので、貴重な材料で失敗したらどうしよう……と心配になったのかもしれません。

　そこで保育者が手を添えながら一緒に作ると、出来上がりにとても満足し、喜んで身に着けて妖精になって遊んでいました。劇遊びには他にもいくつか役があり、リスやカンガルーなど、学級のほとんどの子どもたちがそれぞれの衣装を身に着けて連日ごっこ遊びを楽しんでいました。なりきって遊ぶことが続いていましたが、R児が「本当はリスもやりたかったんだけどね」とつぶやいたので、「それならリスにもなれるよ」と言うと驚いた顔をしました。別の役にもなれるとは思っていなかったようですが、保育者は友だちに影響を受けて真似しようとすることもあるのではと想定していたので、すぐにリスのしっぽを一緒に作り、翌日はお面を作る約束をしました。翌日登園したR

児は「今日はリスの頭を作るんだよね」と言い、リス役の友だちに聞きながら意欲的に作っていきました。R児は妖精役も気に入っていましたが、友だちがリスになって木の実のケーキを作って遊んだり、劇遊びの中でなりきって動いたりし

ている姿を見て、自分もやりたいと思ったのでしょう。リスの衣装も
R児にとっては簡単に作れるとは思わなかったはずです。でも自分か
ら「やりたい」と言ったR児に成長を感じた場面でした。

（2） 警察ごっこに仲間入り ―友だちとの遊びで力を発揮する―

　7月に転園してきたK児は新しい環境になかなか馴染めず、1人で
絵本を見て過ごす日が続いていました。折り紙や制作が得意だったの
で、作ったもので遊び出すきっかけになればと、制作材料を提示した
り、同じものを作ってかかわったりしましたが、心から楽しんでいる
とは言い難い様子でした。そのような様子で夏休み明けの9月も過ご
していましたが、ある日、警察ごっこをしていたH児が仲間になって
くれる友だちが見つからず、保育者を誘ってきたので、K児も仲間に
なるよう促し、一緒に遊びに加わりました。K児は自分に声をかけて
くれるH児に親しみを感じている様子でした。その頃、警察ごっこを
していた子どもたちは別の遊びで使っていた段ボール製のトラックを
パトカーに見立てて乗り込んでいたので、K児と一緒にパトカーを作
ることを考えました。友だちと一緒に使えるものを作ることで、遊び
に入りやすくなるのではないかと思ったからです。翌日、子ども2人
ぐらいが入れる段ボールの土台を用意しておき、「これでパトカーを
作ったらどうかな」とH児に伝えると「いいね！」となったので、「K
くんは作るのが得意だから手伝ってもらったら？」と促すと、H児は

K児を誘って作ることになりました。パ
トカーが載った絵本を見せるとK児はラン
プやライトなど、装飾品を作るために
材料を選びながら「これでどうかな？」
と、次々に作っていきます。H児はK児
のアイデアを受け入れ、手伝いながら
作っていきました。その様子に興味を
もった他の友だちも再び仲間となり、出

来上がったパトカーに交代で乗り込みながら、警察ごっこを楽しみました。「次は消防車も作ろうよ！」とＨ児が言ったので、その後、消防車作りも始まりました。出来上がったパトカーや消防車にはドライブレコーダーやミサイルが出るボタンなど、遊んでいく中でイメージしたものが付け加えられ、Ｋ児はその時も率先して作っていきました。そうしてＫ児もごっこ遊びの仲間として数日遊ぶうちに笑顔や口数が増え、やっと居場所が見つかったと安心しました。そのような中で、Ｋ児から「今度は救急車も作ろうよ」と提案がありました。友だちと一緒に遊ぶ中で、自分の得意なことで力を発揮する喜びを感じられたのでしょう。Ｋ児を中心に救急車が出来上がると３つの乗り物を使ってさらに遊びが充実し、冬休みになるまでごっこ遊びを楽しみました。

3 自分の遊びを楽しみながら友だちとのかかわりが生まれる環境・教材教具づくり

　Ｒ児が「リスになりたい」とやりたいことを見つけるきっかけとなったのは、その前に妖精になって遊ぶ楽しさを十分味わっていたからだと思います。保育者に手伝ってもらいながら作った衣装を身に着けてなりきって遊ぶ楽しさを感じていたので、他の友だちがしていることも楽しそうに思えたのでしょう。また、先にリスになっていた友だちの遊びが魅力的だったことも、Ｒ児が心を動かした大きな要因です。学級の中に充実した遊びが点在し、それがお互いの目に入る環境が、個々の遊びに向かう力を引き出すのだと考えます。

　Ｋ児は得意な製作技能を生かし、友だちと一緒に遊ぶきっかけを得ました。Ｋ児が友だちの遊びにかかわれるよう誘い、友だちと一緒に乗ることができる大きなパトカー作りを提案するという保育者の積極的な援助が後押ししたと考えます。

　このように、個々の子どもの気持ちを汲み取りタイミングを計りながら必要な経験や友だちとのかかわりを支えることで、遊びの中での自立心が育っていくのです。

2　自立心

集団の中で育まれる自立心

東京学芸大学附属幼稚園教諭●山崎奈美

1　「自立心」にかかわる5歳児の保育のポイント

　5歳児の保育を営む時、保育者は個人のことだけではなく、友だちとのかかわりを考慮しています。遊びや活動に取り組む中で物事をやり遂げた時、子どもたちは達成感を味わい、自分に自信をもちます。また、友だちに認められると喜びを感じ、より自信を高めます。その喜びが他者を思いやる気持ちを生み出し、「集団の一員としての自分」を実感することで自立心は育まれていくと考えます。

2　実践事例〈竹馬遊び〉

（1）「それ、前の年長組さんがやってたやつだよね」―興味から挑戦へ―

　10月中旬、リレーで走ったりペアの友だちとポーズを考えて踊ったりすることを通して充実感を味わった運動会が終わりました。そのままの勢いで多くの子どもが体を動かして遊んでいたので、これまで使ったことがなかった竹馬を出してみると、「それ、前の年長組さんがやってたやつだよね」と、数名が近づいてきました。保育者は使い方を知らせたり竹馬を支えたりして一緒に遊び始めたのですが、ほとんどの子どもが乗ることもできません。それでも近くにあった靴箱を支えにして立ち、そこから歩こうとしていました。

　毎日のように興味をもった子どもが竹馬で遊び始めるのですが「やっぱり別の遊びしよう」とやめてしまったり、見ても通り過ぎるだけだったりして、どのような援助がいいか考えていた中、K児は毎日竹馬に挑戦し、乗ることができるようになりました。その姿に刺激

を受けて、他の子どもも少しずつ乗ったり歩いたりできるようになりました。「10歩歩けたよ」「5回乗れたよ」と歩数や回数を覚えているので、ホワイトボードに数を書き込めるようにしました。すると、友だちの数を見てやる気が高まるようでした。

(2)　「うーん、やらない」―心の準備期間―

　竹馬を出してから約1か月、保育者の援助がなくても長い時間竹馬で歩ける子どもが増えてきました。そこで、12月中旬に行われる子ども会（表現活動を保護者に披露する行事）の劇に竹馬を取り入れることにしました。子どもたちと一緒にストーリーを作っていくうちに竹馬に乗るのはキリン役ということになり、竹馬に自信のあるK児とM児の2人がなりました。2人は、ただ歩くだけではなく、フープを置いてその間を歩いたり、両足ジャンプをしたり、ボールを蹴ったりするなど、いくつも技を考えていきました。

　その様子をよく見ていたのはS児でした。S児は踊りを披露するチョウ役でした。しかしながら、毎日のように竹馬で遊ぶ友だちの様子を見たり、「Kくん、すごいね」などと声をかけたりしていたので、保育者が「Sちゃんも竹馬やる？」と聞いてみました。S児は少し悩んでから「うーん、やらない」と笑いながら言いました。その言葉を聞いて、「分かった。でも、キリン役じゃなくても、竹馬で遊んでいいからね」と声を掛けました。

(3)　「乗れたよ」―達成感と認められる嬉しさ―

　数週間後、子ども会を直前に控える中、子どもたちは違う役の友だちがしていることに加わったり自分たちもやってみようと触発されたりする姿があちこちで見られるようになりました。キリン役ではない

子どもたちが竹馬を使って遊んでいる様子を見たＳ児は竹馬に乗り始め、それに気づいたＫ児はＳ児が乗る竹馬を支えていました。「（棒を）少し斜めにするといいよ」とＫ児が言うと、Ｓ児は「わかった。あ、やっぱり怖い」と言いながら繰り返していました。保育者がその場を離れ保育室にいると、Ｓ児が「乗れたよ」と慌てて教えに来ました。緊張もあって最初は乗れませんでしたが、それでも保育者やＫ児、その他の友だちが見守る中、乗って歩くことができました。しばらく歩いて竹馬から降りると「ふーう」と深く息を吐きました。「すごいね」「乗れるようになったね」と周りから声を掛けられてはにかんでいました。その日の降園時には保護者にも見てもらい、とても嬉しそうな表情をしていました。

(4) 「もう少し棒を斜めにして」―教える立場へ―

　子ども会を無事に終え、子どもたちは達成感を味わい、以前にも増して声を掛け合って遊ぶようになりました。さらに見通しをもち自信をもって園生活を過ごしていく経験を重ねてほしいという願いから、３学期は保育者が投げかけた活動の中から自分が選んで取り組む機会を設けました。短縄や長縄などの遊具を用意し、めあてをもちやすいように、チャレンジカードを用意しました。

チャレンジカードの一部

　Ｓ児は独楽を選んでいました。竹馬の時のように最初は回せませんでしたが、あきらめず取り組んでいるうちに回せるようになり、竹馬で粘り強く取り組んだ経験が発揮されているように感じました。

　また、一緒に遊ぶことが多いＹ児やＡ児が竹馬に挑戦しているところにＳ児がやってきて、Ｋ児に手伝ってもらった時のように竹馬

を支えてあげていました。「もう少し棒を斜めにして」とアドバイスしたり自分で乗って見せたりしていました。そして1、2歩歩けると、「Yちゃん、乗れたね」と一緒に喜び、自分でも再び竹馬を楽しんでいました。

3　個と集団を考慮した環境・教材教具づくり

　S児は遊びや活動に取り組む時、難しいと思うと「できない」とイライラしたり、あきらめたりすることが多い子どもでした。竹馬に挑戦しようとした時も、できるできないがはっきりしている遊具だけに続かないかもしれないなと思っていました。ところが、あきらめずに取り組み続けたことで、できたという達成感を味わい、自信をもつ姿が見られました。粘り強く取り組めるようになった育ちを嬉しく思うとともに、取組みを支えた援助や環境づくりについて考えてみました。

　まずは個人に関する環境づくりです。①少し難しい遊具（この事例では竹馬）の用意、②めあてがもちやすいような掲示、③歩けた数を書いて取組みの過程が確認できるホワイトボード、④するべきことに取り組む機会の設定、が挑戦しようとする意欲を高めていました。

　次に友だちに関する環境づくりです。①見合えるような場所や時間の確保、②長期的な見通し、③友だち同士が教え合えるような保育者の促し、④友だちの前で取り組む緊張感への寄り添いや応援、⑤できた嬉しさへの共感などの援助は、友だちと自分を意識する5歳児だからこそであり、できた時の達成感や自信につながります。

　このように集団の中の一員としての自分の存在を感じられるような援助や環境が、自立心の育ちを支えていくと考えます。

3 協同性

「協同性」にかかわる発達と保育

中村学園大学教授●**那須信樹**

豊かなかかわり合いの中で育まれる「協同性」の芽生え

協同性は、身近な他者の存在あっての育ちだといえます。園生活における身近な他者とは保育者や友だちのことであり、園生活の当事者間において生み出される日々のさまざまなかかわり合いの中で発達していくものです。また、そこに集団による保育実践の大きな意義が存在しているともいえます。

「幼児期の終わりまでに育ってほしい姿」としての「協同性」については、以下のように示されています。

> 友達と関わる中で、互いの考えなどを共有し、共通の目的の実現に向けて、考えたり、工夫したり、協力したり、充実感をもってやり遂げるようになる。　　　　　　　　　　（幼稚園教育要領解説、p.53）

協同性は、何より保育者との信頼関係を基盤としながら、友だちや保育者との日々のかかわり合いの中で育まれていきます。3歳児であれば、まずは保育者をよりどころとしながら一人ひとりの子どもが他の子どもとかかわりはじめ、4歳、5歳と年齢が上がるにつれて次第にその関係を深め、共感したり、葛藤しながらの体験の中に育まれていきます。

「協同性」の育ちにかかわる発達のプロセスに寄り添う

3歳児期に入園した子どもは、保育者や初めて出会う同じ年齢の子どもや年上のお兄さん、お姉さんの存在に戸惑いながらも、時間の経過ととも

に徐々に周囲の環境を受け入れ、園生活にも主体的にかかわり始めます。友だちがしていることに興味や関心をもち、同じことをしてみることを通して"一緒にいる"ことの喜びや面白さ、友だちへの親しみを感じながら互いにかかわる楽しさを体験していきます。他方、自分の思い通りにならないこと、友だちにもさまざまな思いや考えがあることを理解していく時期でもあります。こうした自己発揮に伴う体験の積み重ねが、将来につながる豊かな人間関係の基本ともなる協同性の姿の芽となって立ち現れてきます。

　子どもたちは、言葉や表現力の発達とともに、十分に自己発揮しつつ、一緒に遊びながら自分の思いや考えを伝え合い、さまざまな感情体験や試行錯誤を繰り返していくなかで、友だちの存在をより意識するようになります。自分の思いや考えを伝えながらも、友だちの思いや考えも受け入れ、互いに共有しようとする姿が見られるようになります。

　5歳児期にもなると、自己の充実とともに自立心が育まれ、遊びや日常生活のあらゆる場面において、友だちとの関係性がさらに深まっていきます。楽しさや自己主張がぶつかり合うなどの体験を繰り返しながら友だちや保育者と共感したり、クラス全体での話し合い活動などを通して合意形成をしていくことで遊びや園生活自体がより楽しくなることがあることを理解していきます。遊びや行事などにおいてイメージを共有しながら、また役割分担をしながら協同することの楽しさや充実感、その意味を体感していきます。そしてこの経験が、小学校以降の集団生活や学習においても、主体的・対話的で深い学びを支える力となっていくのです。

　協同性を育む保育とは、次頁以降に示される実践例のように、日々、子どもたちが安心して過ごせる環境の中で保育者と触れ合い、子ども同士がかかわり、一緒に過ごしていく中で十分に自己発揮できる環境を整えていくことから始まります。保育者は、子ども一人ひとりの発達の諸相に触れながら子ども同士、そして保育者ともさまざまな思いや考えを共有できるように、また共感し合えるように、そのプロセスに丁寧に寄り添おうとする姿勢が必要となります。

3　協同性

友だちと一緒の楽しさを知る3歳児

京都府舞鶴市健康・子ども部幼稚園・保育所課主幹、舞鶴市立舞鶴こども園園長●**島田久子**

1　保育のポイント ── それぞれの自己発揮

　3歳児は、"自分のことが一番"の年齢です。自分の好きなことや、やりたいことを見つけて、十分に自己発揮することが大事な時期です。そして、好きな遊びを通じて、友だちと一緒に遊ぶことが楽しいと感じることが協同性が育まれる第一歩となります。そのためには、状況を見守りながら時に保育者が遊びの中に入り、一緒に楽しんだり、モデルになったりして子どもの自己発揮を支えることを大切にします。保育者は、一人ひとりの興味や関心をとらえ、発達を見通して援助する必要があります。

2　保育実践の具体

(1)　まずは子どもの興味や関心を大切に

　園では子どもの興味や関心に基づいて、日々遊びを楽しんでいます。春には、部屋のままごとコーナーで、フライパンやお玉を使って料理したり、まな板や包丁で野菜を切ったりして、「○○は、ママやで」「○○はおとうさんやで」「ごはんできたわよー」などとやり取りしながら、保育者と一緒にままごとを楽しんでいました。また、夏野菜を収穫した後には、クラスのみんなで相談し、ピザづくりも体験しました。すると、子どもたち自身がままごとのコーナーを「ここピザ屋さんやで」とピザ屋にして、「いらっしゃい、

いらっしゃい、ピザはいかがですか」「ピザください」などのやり取りをするようになりました。保育者も、「おもしろそう！ ここピザ屋さんにする？」と問いかけると、子どもたちも「するする！」と乗り気になり、ピザ屋さんごっこが始まりました。保育者は、キッチンのそばにテーブルや椅子を置いたり、壁や窓にメニューが書いてある広告を貼ったりして、ピザ屋のイメージが広がるように環境を整えます。その隣のコーナーには、子どもたちの「○○がいる、○○も作りたい」という思いをかなえるために製作コーナーを設置し、ピザ屋さんに使えそうな素材も準備しました。子どもたちはピザ屋さんごっこをしながら、「ジュースもいるで！」「チョコのピザ作りたい」と、次々と作りたいものを作り始めました。イメージに合う素材がないと「先生、○○作るから、○○なのが欲しい！」と、自分から伝えに来るようになり、時には、家から「これで○○つくるんや」と持ってくるようにもなりました。

保育者は、一緒に製作しながら、切りやすいように紙を押さえるなど、最後は自分が作ったと思えるように手助けしたり、「これは糊で貼れるかな？」とヒントを与えたりして、子ども自身で考えられるようにかかわっていま

す。保育者にさりげなく手助けしてもらったり、友だちがされているのを見たり、4、5歳児の遊びの姿を見たりすることが、3歳児にとっての協同性のモデルとなっています。

(2) 自分の思いや考えを伝えるお話タイム

遊びが一段落すると、部屋やそれぞれの遊びの場でサークルになり、友だちがどんな遊びを楽しんでいたかを共

有するお話タイムの時間を設けます。3歳児はそれぞれが好きな遊び
を楽しんでいるので、「年長さんのケーキめちゃくちゃおいしそうやっ
た」「お金がいるって言ってた」「レジがいるって！　作りたい！」「お
庭にダンゴムシがいっぱいおった」などの楽しかったことやみんなに
知らせたいこと、何でも話したいことをみんなの前で話します。全員
が発言するのではなく、10分から15分程度の時間をとるようにして
います。この時期は、まだ、自分の言いたいことだけ言って友だちの
話を聞いていないことや集中できないこともあります。そんな時は、
「○○くんがダンゴムシのお話してるよ」などと、興味がもてるよう
にさりげなく誘ったり、無理にサークルに入れるのではなく見守った
りしています。

　友だちの思いを受け止めたり、他者にわかるように伝えたりするこ
とが難しい時期なので、保育者が言葉を添えたり、分かりやすく言い
換えたりもしています。短時間でも、思いを共有して、3歳児なりに
友だちにもそれぞれ、思いがあることを感じ、知るということが大切
です。また、発達や経験の差が大きい時期でもあります。特に、家庭
から初めて集団に入った子どもと集団経験のある子どもとの経験の差
に配慮して、両方の良さを認めながら集団としての育ちにも配慮した
視点が大切です。

（3）　みんなで一緒に体験を

　本物を肌で感じられるようにとピザ工房に行き、それぞれが気に
入った野菜を生地にのせてピザを作ったり、ピザ窯で焼いたりする体
験をしました。み
んなで力を合わせ
て何かをするとい
うより、楽しい体
験を共有すること
で、一緒にするこ

との喜びや心地よさを感じる経験になっています。みんなと一緒だと楽しい気持ちになることは協同性の土台として、とても大切なことです。また、みんなで体験したことでピザ屋さんごっこに本物らしさが加わり、「おおきい（窯）火が付いたんで焼いたな」「熱いで手袋してたな」と、窯や道具づくりにも発展しました。共通の体験をしたことで、イメージも共有しています。イメージを共有することも協同性を育む上ではとても大切です。

3　保育のポイントを生かした環境づくり

　年齢によって保育者が準備をするものや、援助する範囲は変わりますが、どのクラスも環境を設定した時、子どもがどのように遊ぶかをイメージして準備することを大切にしています。また、実際に設定したあとも、その広さや動線や机などの高さが活動に合っているのか、友だちを意識できる環境になっているかなど、確認して再構成します。ごっこ遊びをしながら必要なものを保育者や友だちと作れるように、さまざまな素材や道具を棚に置き、ごっこ遊びをしている子どもから製作している子どもの姿が見られるように、また、製作している子どもからも遊んでいる子どもが見られるような位置に机も置きます。また、製作する際に椅子が必要か、そうでないかも自分たちで選べるようにしています。どの体勢で作業するのがやりやすいのか、また、道具を必要に応じて自分で選んで使うということも自分で知っていきます。素材には、紙や布、年齢にあったバラエティに富んだ素材を準備します。自分でやりたいという思いや考えを発揮できるように環境を整えます。

3 協同性

自分や友だちへの信頼を育む4歳児

京都府舞鶴市健康・子ども部幼稚園・保育所課主幹、舞鶴市立舞鶴こども園園長●島田久子

1 4歳児の保育のポイント ── それぞれの自己認知

　4歳児は、"自分のことを知る"年齢です。3歳児で十分に自己発揮して友だちと一緒に楽しく遊んできた経験を土台にし、さらに、自分のことが客観的に見えてくる時期でもあります。友だちの存在を意識するようになり、刺激になって意欲に結びつく半面、自分のできなさを感じたり、友だちの姿が気になったりします。だからこそ、この時期には一人ひとりが自分のやりたいことにじっくり試行錯誤して取り組むことで、自分への信頼をつくっていくことが大切です。自分の良さや友だちの良さに気づき、保育者や友だちと一緒に遊びをすすめる楽しさを感じることで協同性も育まれていきます。そのため保育者は、一人ひとりを認めたり、励ましたりして、それぞれのこだわりを支えることを大切にしています。

2 保育実践の具体

(1) それぞれのこだわりを大切に

　I児が作った的当てゲームからお祭りに興味をもったことや保育者が準備したお祭りの写真などがきっかけとなり、盆踊りの櫓や太鼓、浴衣など自分の興味のあるものを作り始めました。R児は、みんなで鑑賞した実際の踊りの場面から浴衣に興味をもち、「どうして作ろかな」と悩んでいました。保育者がイメージしやすいように浴衣の写真のカタログを準備すると、R児はそれを見ながら花びらを作って貼り付けたり、「着た時に下（裾）はちょっと広がってるのにしたい」とオリジ

ナリティーを出したり、「ここ（袖）はもう1
つナイロン持ってきて半分に切るわ」と自分
のイメージに近づけようとしていました。K
児は、太鼓に興味があり、さまざまな大きさ
の箱をもってきて、自分が丸めた堅い紙の棒

やラップの芯で叩いて「音が全然違う。びっくり！」と試したり、「（ゲーム
の）太鼓の達人は太鼓が斜めになっとる！」と傾斜をつけたりして、
何度も作り変えていました。保育者も「どうしたら斜めになるかなぁ」
「どうしたら倒れんのかなぁ」と同じ目線に立って考えたり、アドバイ
スしたりします。K児の太鼓づくりは友だちにも広がり、経験を重ね
ているK児は、「その箱は柔らかいですぐ壊れるで」「握るところにな
んか巻いた方がかっこいいで」とアドバイスしていました。保育者は、
一人ひとりのこだわりに寄り添ってアドバイスしたり、工夫や試行錯誤
する姿を認めたり励ましたりすることを大切にしてかかわっています。

　お祭りごっこは、運動会の中で、みんなで作った櫓の上で一人ひと
りがこだわりの詰まった衣装をつけて踊った
り、手作りの太鼓をたたいたりして、自信を
もって表現しました。この一人ひとりの自分
への満足感や信頼感が、協同性の広がりと深
まりとなって立ち現れてきます。

（2） 楽しい！ 嬉しい！ もっとやりたい！を大切に

　さらに、お祭りごっこから屋台へと興味が広がり、「こんなお店が
あったらいいな」「お祭り行ったときこんな
お店があった」と、ハンバーガーショップや
焼き鳥屋、アイスクリーム屋に剣屋さんなど
のいろいろなお店屋さんごっこが始まりまし
た。子どもたちが自分の興味のあるお店で遊
んだり、必要な物を作ったり、店の場所も部

屋や廊下のフリースペースの好きな場所を選んだりして、楽しめるようにしました。そんな中で、男の子が中心の剣屋さんは、お客さんが少なく、閑古鳥が鳴いていました。そこへ、ファッションセンス抜群のN児がフリルのついた可愛い剣をつくってお店に置くと、たちまち、今までとは違うお客さんで賑わいました。「Nちゃんが作った剣でお客さんが来たな」「人気やな」と、友だちに認められてうれしそうなN児と、お店が賑わってうれしい男の子たちは、一緒に遊びをすすめる楽しさを感じています。また、N児は、友だちに認められ、自分の良さに気づくことができたことで、自分の思いに自信をもって発言することが増えました。

(3) 友だちと思いや考えを共有するお話タイム

　3歳児までは自分の言いたいことが中心だった姿から、4歳児になると友だちにもいろいろな思いがあることがわかってきます。だれがどんな遊びを楽しんでいたか、どんな工夫をしていたのか、どんな発見があったのかを互いに伝え合うようにしています。保育者は、「それ面白いね」「いい考えやね」「どうやってするの？」と共感したり、認めたり、問いかけたりしてかかわり、また子ども同士のかかわりを深めていきます。

　それぞれの思いも大事にしながら、「○○ちゃんはどう思ってるかな？」などと相手の思いにも気づけるようにかかわるようにしています。また、意見を言いにくい子どもには「そういえば○○ちゃんも△△作ってたね、あれ見せてくれる？」と話がしやすいようにきっかけをつくり、実物を見せ合ったりして、一人ひとりの子どもの思いや表現などをクラスの中で共有するようにしています。

(4) 自信や意欲につながる体験を

　本物のお店屋さんで買い物体験をするため、1人200円とエコバッグをもち商店街の八百屋さんにミカンを買いに行きました。自分の分

と３歳児やお兄さん、お姉さんである５歳
児の分も合わせて３つ買います。大きくて
おいしそうに見えるミカンを吟味して買
い、届けに行くと、「ありがとう、おいし
そう！」「すごいなぁ、お買い物自分でし
たん？」「今までで一番おいしい！」と言っ
てもらい、とても誇らしげでした。みんな
で楽しい体験をしたことや、異年齢の友だ
ちに認められたことが自信や意欲につなが
り、さらに、保育参観での保護者を招いて

のお店屋さんごっこにつながりました。「お母さんにお金作って来て
もらお！」「エコバッグもいるな！」と何が必要か考え、店の場所は
どこがよいかなどの相談を重ね、当日を迎えました。廊下のかき氷屋
さんでは、「お部屋ではハンバーガーショップもありますよ」と、声
をかける姿がありました。相手のことを思っておいしそうなミカンを
選んだり、お店を案内したりする姿には、他者への思いやりや気遣う
気持ちが見られ、遊びや体験の充実や楽しさがこうした気持ちを育ん
でいます。

3　保育のポイントを生かした環境づくり

　子どもの思いやこだわりをかなえるため、保育者は、子どもがどん
なふうにしたいと思っているのかをよく聞き、イメージがわきやすい
ものや素材を準備します。また、他者への関心が高まるこの時期には、
つくったものを飾る場所や棚などを整え、見えるようにすると互いの
良さを感じたり、新たな工夫や考えが生ま
れたりします。お話タイムでは、ホワイト
ボードを準備し、その内容を書いたり、イ
ラストや写真などを貼ったりして、イメー
ジや思いを共有するようにしています。

3 協同性

目的に向かって認め合い支え合う5歳児

京都府舞鶴市健康・子ども部幼稚園・保育所課主幹、舞鶴市立舞鶴こども園園長●**島田久子**

1 5歳児の保育のポイント―それぞれの主体性を尊重

　5歳児は、自分も友だちも主体性を発揮し、"互いを認め合い尊重し合う"ことが大切な時期です。これまでの保育の中で保育者に支えられ、主張もしながら、他者の思いにも気づき、互いに助け合うようになってきます。得意なことや苦手なことも認め合い、支え合って目的に向かって協力する協同性の姿として明確に立ち現れてきます。そして、友だちとの遊びや体験を通して充実感や達成感を味わうようになります。保育者は、それぞれの主体性を尊重し、必要に応じてかかわるようにします。

2 保育実践の具体

(1) それぞれの主体性を発揮する話し合いを！

　5歳児の協同性を育むポイントの1つとして、子ども同士で相談する機会をもてるようにしています。リレーごっこでは、子どもたちでグループを決めると保育者が「どうしたらみんなかっこよくリレーできるか相談してみてね」と声をかけ、それぞれのグループで作戦会議が始まります。「どの順番にする？」「バトンが大事やから、バトン渡しの練習しとこ」などの意見が交わされています。保育者は、子ども同士で話し合いがしやすいよう

にホワイトボードと名札を準備し、走る順番に名札を貼っていくという方法を取っています。アンカーの希望が複数になった時には、こんな話し合いもしています。A児が、「1回アンカーしたことあるから、Aは5番にするわ。Cちゃんしたことないもんな」と譲りますが、もう1人のB児は「いやや、アンカーしたい」と譲りません。なかなか進捗が見られない中、D児が「このままではずっとできんで。じゃんけんしたら？」と提案し、なんとか順番が決まりました。リレーが終わった後、保育者は、「赤チームはなかなか順番が決められなかったね。でも今までのことも思い出して、相談して順番を決められていたね」「白チームは応援を最後まで頑張っていたね」と、チームとして望ましかった姿を共有していました。勝った負けた、できたできなかっただけではない、さまざまな視点で保育者が認めたり、価値観を知らせたりすることは、協同性を育んでいく上でとても大切です。

(2) 認め合い支え合う経験を

栽培していたひまわりの種を収穫し、「いっぱいや！ 何個あるんやろ」「数えてみたい！」と数えています。発達に個人差がある中で、数の認識や理解が難しい子どももいます。保育者は、それぞれで数を数えるのではなく、ペアを組み、野菜の収穫の時よくしていた10個の数のかたまりをつくって数える方法などを提案します。R児は、ペアのK児が、どうすれば10をわかりやすく数えることができるかを考えて提案しています。「僕が先に置くで、K君は僕の後に置いてな。えーか？」と声をかけ、R児がリードして数を数え、交互に種を置いていくという方法を取りました。K児は、自分も10の数を数えることができて喜びにあふれた表情で「もう1回しよ！」と何度もR児と10の数を数えることを楽しんでいました。自分の力にも自信をもち、一緒に生活してきた中で友だちのことも考えられるようになります。互いに認め合い、支え合う協同性の姿と言えます。

（3） 力を合わせて遊ぶ経験を

　春から続いているマリオごっこの遊びで
は、運動会にマリオの探検を「おうちの人
に見せたい」という思いで、小道具や、ア
イテムを相談して作っています。役割分担
についても自然に行われ、切り込みを入れている友だちのナイロンを
押さえたり、絵を描いている子どもの柄を俯瞰的に見て、「もうちょっ
と下の方に描いた方がいいんとちがう？」と声かけたりしています。
また、大きな土管を作ったり、迷路を考えたり、さまざまなアイデア
が出され、「土管は最後のゴールにしよう」「玉入れは離れて投げた方
が面白そう！」「途中にどの仕掛けを置く？」などのコースづくりも
相談していました。コースをみんなで周り、鉄棒の回り方や梯子の渡
り方など、それぞれのやり方でクリアしていき、「そんなやり方もあ
るんや！」「私と違うけど、面白いな！」と振り返り、さらに運動会
にやりたいという気持ちが強くなりました。

　このように保育者は、子ども同士で相談したことを認めて実現でき
るように支えたり、子ども同士をつなぐように「それ作るの得意な人
おってなかったっけ？」などと言葉をかけたりします。

（4） 目標に向かって協同していくためのお話タイム

　5歳児のお話タイムは、子ども同士のやり取りが盛んになってきま
す。友だちの意見に耳を傾け、「それいいな」「俺もそう思った」など
友達の意見を認めたり、同意したり、「私は、そっちじゃないほうが
いいと思う」「もっとこうしたらうまくいくと思う」など、相手の意
見を聞いて自分で感じたことを話したりします。友だちが作った面白
い仕掛けや工夫したものを見せてくれたら、「なんでそこが回るん？」
「どの色混ぜたらそうなるの？」と質問しています。保育者は、子ど
もに任せながら、必要に応じてそれぞれの思いがみんなに伝わってい
るかを確認するようにします。お話タイムが楽しい時間になるように、

目的に向かって協同する気持ちがさらに深まるように支えています。

(5)　より本物のイメージが深まる体験を

　ケーキづくりごっこでは、近くのケーキ屋さんに行き、どんなケーキがあるのか見てきました。「おいしそうやし、きれいやな！」とその美しさに見惚れている子どもたちでした。保育者は、より本物らしくケーキづくりを楽しめるように、子どもと一緒に紙粘土とボンドを水で溶いて絞り袋に入れて、より本物らしいクリームでつくるようにしました。

　その後、子どもたちは粘度を確かめながら白いクリームをつくり、赤や、青、茶色の絵具を混ぜて、違う色のクリームづくりを楽しみ、ケーキづくりがより豊かになっていきました。さらに、本物のパテシェにケーキをつくってもらったり、子どもが本物のケーキをつくったりして、体験を重ねることで充実感や達成感が得られます。

3　保育のポイントを生かした環境・教材づくり

　5歳児になると遊びながら保育者とともに、自ら遊びやすい場所や動線などを考えて、場づくりをしていきます。室内でケーキ屋さんごっこをしていて、商品が増え、店の場所が狭くなり、お客さんが選びにくく、やり取りがしづらいことに気づきます。保育者は、その様子を見てお話タイムでみんなに意見を聞こうと提案します。すると、「部屋でケーキつくって、テラスで売ったら、お庭からでもお買い物できるし」と意見が出て、「それはいい考えやね！」と保育者と子どもと一緒にテラスにお店を作りました。保育者は、タイミングよく子どもが気づけるように、お話タイムで取り上げたり、遊びの途中でどんなものが必要か考えたりして、準備することを大切にします。

4　道徳性・規範意識の芽生え

「道徳性・規範意識の芽生え」
にかかわる発達と保育

香川大学准教授●松井剛太

道徳性・規範意識の「芽生え」

「道徳性」や「規範意識」は、どこか強い印象を与える言葉のように感じます。たとえば、保育者は、何かトラブルがあった場面では、他者がどんな気持ちだと思うかを強調したり、きまりが守れなかった場面では、きまりを守らないことがどのような悪い結果をもたらすのかを問うたりします。そして、伝えなくてはならない、守らせなくてはならないという思いが強くなればなるほど、「ゆとり」がなくなって口調が厳しくなります。

> 幼児は基本的には他律的で、大人の言うことが正しく、言われたから、しかられるから従うという傾向がある
>
> （幼稚園教育要領解説, p.188；保育所保育指針解説, p.224）

大切にしたいことは、まだ「芽生え」期であることです。「言われたから、しかられるから従う」では、芽が育つことにはなりません。保育者は、言わなければならない、しからなければならない場面でこそ、「ゆとり」をもって発達に合わせた対応をすることで、子どもたちが「自律」的に道徳性・規範意識を意識することにつながります。

年齢別：大切にしたいポイント

3歳児は、他者の気持ちやきまりの必要性を理解しにくい一方、友だちとのかかわりの中で、他者の存在や違いに気づくことは得意です。

　そこで、 3歳児は、まず自分の思いを生活で存分に発揮することを前提に他者との違いに気づく経験を大切にします。その際、「他者との違いによる衝突」が起こりますが、「衝突があるからこそ、一緒であることに気づいたときに喜びが大きくなる」という側面もあります。いわゆる緊張と緩和です。このように、他者との違いが他者の否定につながらないように配慮し、子どもが快の感情とともに素直に道徳性・規範意識に触れられるようにします。

　4歳児は、施設での生活経験を深める中で、秩序の必要性に気づきながら、一方でまだまだ自分の思いを優先して生活します。

　そこで、 4歳児は、施設のきまりと自分の思いが違う中で生じる葛藤の経験、および自分の思いをどのように他者に向けて表現するのかを大切にします。子どもは、「きまりはわかっているけど、自分の思いは違う」という葛藤の中では、感情的な表現をしがちです。その際、「その表現の仕方は望ましくないけど、伝えたい思いがあることは良い」という意識で思いを否定しないように代弁をします。それぞれに思いの違いがあって、それを許容することを意識できるようにします。

　5歳児は、集団でのきまりを守ることを意識しつつ、一方で、きまりの必要性に疑問をもつこともあります。

　そこで、 5歳児はきまりを守ると楽しく過ごすことができることを経験すると同時に、子どもたちの異なる思いが出てきたときに保育者と一緒に考える機会をもつことが考えられます。その際、考えたことを文字や図、写真などを使って整理して可視化すると、子どもたちとの対話がしやすくなります。みんなで意見を出して、それを可視化してまとめると、みんなの意見が尊重されつつ、自律的に物事を決める経験を実感できます。施設や保育者のきまりに合わせるだけでなく、自らがきまりを考える主体であることを実感できるような経験を大切にします。

4　道徳性・規範意識の芽生え

自我が育ち、万能感にあふれる3歳児

香川大学教育学部附属幼稚園教諭●**大竹咲枝**

1　「道徳性・規範意識の芽生え」にかかわる3歳児の保育のポイント

　自分の思いを優先して過ごすことが多い3歳児は、したいことが遮られたり、うまくいかなかったりすると、些細なことでもぶつかり合うことがあります。まずは一人ひとりの思いを共感的に受け止め、安心して自分の思いを出すことができるように支えていくと、少しずつ身近な人の存在を嬉しく感じたり、他者の思いにも心を寄せる兆しが見えたりします。時には離れたところで見守ることもありますが、必要な場面で援助するなど、丁寧にかかわることを心掛けています。

2　保育実践の具体

（1）　あいこ続きじゃんけん

〈エピソード〉

　給食の時間に、A児とB児が座る席を巡って揉めていました。私は「この間も似たようなことがあったね。その時、席をかわってくれた人がいたよ」と言い、どちらかが譲るように促しました。しかし、2人ともなかなか引きません。

　しばらくするとC児が「じゃんけんしたら？」と声を掛け、2人のじゃんけんが始まりました。「じゃんけんぽん！　あいこでしょ！　あいこ

でしょ！……」何度出してもあいこです。このあいこ続きで、いがみ合っ
ていたＡ児とＢ児はいつの間にか笑い合っていました。楽しそうな雰囲気
に、周りの人たちも次々に集まって盛り上がります。最終的には、しきり
直しをしてＢ児が勝ちました。Ａ児はじゃんけんに負けましたが、にこに
ことした表情で別の席へ移動しました。

　２人とも喜んでチョキを出し続けるあいこじゃんけん。勝ちにこだ
わるなら迷わずグーを出すはずですが、彼らは「一緒って嬉しいね」「何
回も同じで面白いね」というコミュニケーションを楽しんでいました。
"一緒（チョキ）"を嬉しく感じながら、友だちへの興味や親しみが膨ら
んでいくことや、友だちと同じ場で同じような感情（快の感情）をもつ
体験は、他者の存在や思いに気づいていくきっかけになるでしょう。
　私は"取り合いになった時はどちらかが譲る"という解決策へ誘導
しようとしていましたが、子どもたちは解決できることよりも、そこ
へ向かっていく過程で楽しんだり葛藤したりして心を動かしているこ
とに気づきました。

＜楽しいじゃんけんのはずが・・・＞
　自分の思いにしか意識が向いていなかったＡ児は、思わぬ楽しさの
共有をきっかけに、じゃんけんの便利さを知り、他者の感情を意識す
るようになりました。しかし、しきり直しのじゃんけんで負けて移動
した後、Ａ児は給食の準備をしながらわんわん泣きました。あいこ続
きの楽しいじゃんけんと、じゃんけんがもたらす結果がつながってい
なかったのでしょうか。「やっぱりあの席がよかった」と悲しさや悔
しさがこみ上げてきたようです。
　Ａ児はこれ以降、いざこざの場面になった時に誰かがじゃんけんを
提案すると「じゃんけんは嫌！」と言うようになりました。ルールさ
えわかれば、老若男女問わず勝率が平等にあるじゃんけん。しかし、
大事な決定であればあるほど、じゃんけんによる解決方法は短絡的で、

納得のいく意思決定にはなりにくいものです。A児の「じゃんけんは嫌だ！」には、「とても大事なことなのに、運試しのような方法で簡単に片付けてほしくないんだ！」という切実な思いを感じます。

（2） 子どもにとっての解決とは？

〈エピソード〉

「Aくんの横の席、空いとるのにだめって。そしたらCが座るところがなくなる」とC児。なぜ座れないのかがとにかく気になるC児は「なんでだめなん？」「じゃんけんしようよ」「じゃんけんもだめで、先生が横に座るのもだめなん？」とA児に次々と質問を投げかけますが、A児は硬い表情のままで黙り続けていました。すると周りにいる子どもたちが「机をもう1個出したら？」「それは誰かがひとりぼっちになるやん」「僕が交代しようか？」「〇〇くんが代わっても、Aくんの横じゃないとCくん座れんやん」等とそれぞれに寄り添おうとしていました。言葉は発さずとも友だちの様子を見たり、場を感じたりする人の姿も見られました。

ああでもない、こうでもないと言い合った末、最後はみんなで「これは困った」となりました。「みんな困っちゃった。Aくんはどうしたい？ 先生にだけ聞こえる内緒の声で教えてくれない？」と言うと、A児は小さな声で「Aはどれでもいいんやで」と答えました。「Cくん、Aくんはどれでもいいんだって」とひそひそ声でC児に伝えると「Aくんの横、Cが座ってもいい？」とC児。「いいよ！」とA児。するとD児が「解決や」と言いました。D児に続き、「解決解決」と言う子どもたちでした。

正当な理由はないけれど、自分の思いを曲げたくもないという葛藤の中で、C児の問いかけや周囲の子どもだちのやり取りを聞いていたA児。A児の思いもC児の思いもとがめることなく、両者の納得を純粋に考える子どもたちの姿から、その人その人の思いをまずは受け止める大切さを学びました。

また、机の数を増やす、机の向きを変える、動いてもいい人が席を譲り合ってC児が座るスペースを作るなど、子どもだちの意見は多様

でした。なかなか両者が納得するところまで辿り着けず、みんなで困り果てましたが、紆余曲折を経てここまで考え尽くしたことが「Aはどれでもいいんやで」という彼の心の揺さぶりにつながったと思います。

　じゃんけんはルールが明確で便利な方略ですが、自分の思いとは別に事が進んでいく側面もあります。まずは、安易な解決方法に頼ることなく、互いの感情や考えを出し切り合おうとする過程を大切にしたいものです。子どもたちが言っていた「解決」は、自分たちの思いや考えを出し尽くして前進したという喜びや、両者が納得できてよかったという思いから出た言葉であり、今後も、自分たちで折り合いをつけながら、園生活を楽しくしていこうとする姿につながっていくと考えます。

３　保育のポイントを生かした環境・教材教具づくり

＜共感的に受け止め、丁寧にかかわる姿勢＞

　正直なところ、私は、正当な理由もなく、隣の席に座ってはだめだというA児をわがままだと思っていました。正しさを求めてつい理屈でかかわっていこうとしてしまいがちですが、理詰めでは割り切れない感情こそ人間らしいし、思いや考えも深いものです。まずは、一人ひとりの思いを共感的に受け止め、安心して自分が出せる場を保障していく保育者の姿勢が大切です。自分が受容される体験を積み重ねていくことで、少しずつ他者の思いも大切にしようとする心が育まれていきます。

＜"道なき道"をともに楽しむ保育＞

　保育は、今を生きる子どもが主体となる生活であるため、計画通りに進むわけではありません。保育者の予測を超えた展開がよく起こります。一緒に遊んだり生活したりする中で、ともに面白がったり、時には悩んだりしながら、道なき道を楽しんでいく心の余裕やじっくりとかかわろうとする姿勢が大切だと感じます。うまくいかないことや時間がかかることも多いですが、ともに心を揺らす過程において、保育者自身も一人ひとりのよさや多様性に触れ、学ぶことができます。

4 道徳性・規範意識の芽生え

「きまり」に葛藤し、揺れ動く4歳児

香川大学教育学部附属幼稚園高松園舎教諭●片岡今日子

1 「道徳性・規範意識の芽生え」にかかわる4歳児の保育のポイント

<目に見えないものについて考えられるようになる4歳児>

　心の内で考える「内言」が育ってくる4歳児は、目の前に起こっている出来事についてだけではなく、集団生活における「きまり」のような目に見えないものについても考えられるようになってきます。「きまり」の意味がわかるようになり、守ることがいいことと考え始める一方で、"善－悪""できる－できない"という対比的な評価に陥りやすい時期でもあるため、友だちに対して「守っていない！」と一方的な評価をしてしまうこともあります。

<葛藤し、揺れ動く4歳児>

　「きまり」の意味がわかり、「自分はできているかな？」と見つめ直すことができ始めますが、そのための手がかりや基準は曖昧で、葛藤しはじめるのもこの時期ならではの特徴です。子どもの胸の内は「まだ遊びたい、でも……（片付けなければいけない）」「自分がやりたい、でも……（友だちと交代しなければいけない）」と、自分自身のこうしたいという思いと、本当はこうなりたい、みんなと楽しくするにはこうした方がいいといった思いの間で、揺れ動いています。

2 保育実践の具体

　こうした4歳児の発達もふまえ、実際の保育場面における「道徳性・

規範意識の芽生え」にかかわる具体的な姿として、子どもたちが毎日「きまり」と向き合わざるを得ない場面（?!）とも言える、片付け場面の事例をみていきたいと思います。

〈エピソード〉「もう！わかってる!!」……4歳児6月下旬
　「そろそろ片付けようか」という担任の言葉を聞き、片付けであることをD児に伝えにいったA児、B児、C児。A「かたづけだよ」→D「もっとあそびたかった！」→B「でももうかたづけ！」→D「もっとあそびたい！」→C「いまからうめじゅうすだよ（片付け後のおやつの時間に梅ジュースを飲むことになっていた）」というやり取りが続いた後、D「もう！わかってる！」と一言。その言葉にハッと
した表情になり、D児を見つめるA
児たち。その様子を見ていた副担任
が「わかってるって」と、次の活動
の準備もできるように、D児が遊ん
でいたものをそっと横へ移動させ、
A児たちは準備へ。しばらくすると、
D児は自ら片付けを始めました。

　片付けという「きまり」の意味（次の活動のために部屋をきれいにする、また遊べるように使ったものを元の場所へ戻す）をわかり始めている4歳児ですので、A児たちは「かたづけだよ！」「かたづけて○○するよ！」とD児に迫ります。担任である私は、普段から一斉に片付けをすることの意味を問い、日課も見直し、"それぞれが区切りをつけて次の活動へ向かえたらいい"と思い保育をしていますが、それとは裏腹なA児たちの姿は、対比的評価に陥りやすい4歳児ならではの姿だと思います。私が、A児たちに片付け（という「きまり」）についてどう伝えていこうかと考えながら様子を見ていると、D児が「もう！　わかってる!!」と、"もっと遊びたいけれど、梅ジュースも飲みたいし、片付けなければいけないのはわかってるけれど、自分で

区切りをつけたい”という複雑で揺れ動く胸の内を言葉にします。そこで、副担任が“わかっているけど、時間がいるんだよね”とD児の気持ちを受け止めるように遊んでいたものを動かし、A児たちはD児のもとを離れます。そして少しの間ができたことで、D児も自ら片付けることができたのだと思います。

　この事例で、担任（私）は片付けという「きまり」を巡る子どもたちのやり取りにすぐには介入せず見守り、副担任はD児の揺れ動く気持ちを受け止めて、遊んでいたものをそっと横へ移動させます。ともに、子どもの気持ちが揺れ動くこと、子どもが自分で動き出すタイミングを決められることを保障したかかわりです。またそれだけではなく、D児自身も、片付けの先にある仲間との楽しい時間を思っているからこそ、「まだ遊びたい気持ち」との間で揺れつつも、自ら片付けて次の活動へと向かったのだと思います。

3　保育のポイントを生かした環境・教材教具づくり

＜揺れる気持ちを受け止め、プロセスを見守る保育者のかかわり＞

　事例でも見てきたように、子どもの揺れ動く気持ちを保育者が受け止めることで、子どもは自分の気持ちに折り合いをつけて次へ向かうことができます。その際「気持ちが揺れ動く間を保障」するだけでなく「次の展開を一緒に考える」こと、つまり子どもの側にだけ調整を求めようとしない姿勢が大切です。そのためには保育の時間的・環境的なゆとりが必要です。

＜自制心が「自己調整」として発揮されるような生活や遊びづくり＞

　「きまり」やルールを守るといった場面では、「自制心」が求められます。その自制心が、他者から強制される「我慢」ではなく、子ども自身による「自己調整」として発揮されるような日々の生活や遊びをつくっていくことも大切です。「次はおやつだから片付けなければいけない」ではなく「友だちとおやつを食べたいから片付けよう」と思

えるのは、仲間と過ごす心地よさや楽しさを知っていてこそです。友だちとつながる楽しさを味わえる集団遊びをしたり、小さな揉め事も当事者との話で終わらせずクラスのこととして取り上げたり、時に子どもから保育者への反論も大事な意見として考えたりする。そういった生活や遊びは、子どもに自分の思いを出し、友だちの思いを知り、自分の思いが友だちに認められる経験を保障し、仲間と過ごす心地よさや楽しさにつながっていくのではないでしょうか。

　さて先ほどの事例、子どもの育ちや保育者の思いを共有できるよう、クラスの保護者にも手紙で伝え、以下のように締めくくりました。

　「Ｄ児の一言に真剣な表情になったＡ児たちは、「そういえば私も……」と、同じような気持ちを思い出したんじゃないかと思います。ちょうど今朝、登園を渋っていた友だちの様子をみて、「まえのぼくといっしょやなぁ」とつぶやきながら誘いにいこうとする人（彼も数週間前、お母さんと離れ難い日がありました）もいました。こんな風に、生活や遊びの中で、友だちの思いを知ったり共感したりしながら相手を思いやる気持ちが育っていく、幼稚園という集団生活ならではの大切な場面です」

　この場面で、友だちの思いを知り、さらにＤ児の揺れ動く思いを受け止める保育者のかかわりを目にしたＡ児たちは、こういった経験の積み重ねにより、友だちの姿に自分の経験を重ねて共感し、やがて「きまり」に対する対比的な評価を超えたかかわりが生まれてくるのではないでしょうか。「道徳性・規範意識の芽生え」においてキーワードとなる「共感」が育まれる過程が４歳児の姿から伝わってきます。

[参考文献]
心理科学研究会編『新・育ちあう乳幼児心理学』有斐閣、2019年、165－184頁

4 道徳性・規範意識の芽生え

自分たちのこととして生活を創ろうとする5歳児

香川大学教育学部附属幼稚園高松園舎主幹教諭●中川欣子

1 「道徳性・規範意識の芽生え」にかかわる5歳児の保育

　園内にはさまざまなルールや文化があります。それらは、暗黙の了解となって存在し、特に親しき関係性の中においては、新たな考えを生み出す妨げになることもあります。5歳児の生活では、園の年長者として必要なことは何かを考えながら、皆が気持ちよく暮らしていける生活の場を、仲間とともに創っていく機会が多々あります。よりよい生活のために必要なルールをつくっていく仲間との経験を積み重ねていくことは、とても重要です。また、5歳児は論理的な思考が発達してくる時期でもあり、自分の経験知に由来する「道徳的価値観」を、自分の生活知に由来するさまざまな方法を使って、ともに生活する仲間にわかってもらおうとする力も育ってきます。「自分なりに考え、他者と言葉や気持ちのやり取りをしながら、納得のいく理由で判断し、仲間とともに生活を創っていく」子どもたちと生活をともにする「人」して見守りながら、日々子どもたちと暮らしを進めています。

2 保育実践の具体

(1) 実践にいたるまで

　5歳児が行う当番活動に憧れの気持ちを抱いていた子どもたちは、進級を迎える年中児の3月に年長児から当番の引き継ぎをしてもらい、やってみたい人たちが「当番活動」を行っていました。引き継ぎ当初や進級当初は、大勢の子どもたちがやって来て、仕事の取り合いになるほどの盛況ぶりでした。しかし、時が経つにつれ、寄って来る

子どもも疎らになったりいつも同じ人が行うようになったり、時には「めんどくさいよね」という子どもならではの何とも素直な呟きも聞かれるようになりました。そこで、本年度は、子どもたちとともに一から創っていくことにしました。「ご飯当番とチャボ当番は絶対に必要」「前の年長さんは砂場当番をしていた」「パトロール当番があったら、片付けの忘れ物がなくて良い」「ほうきとかぞうきんとかがしたい」など、幼稚園にあったらいい当番から自分がしたい当番まで、たくさんの当番が子どもたちから出されました。「当番の種類」を決め、「グループ」も作り、満を持して今年度の「当番活動」が始まりました。

（2）　保育実践の具体

＜エピソード＞　当番の仕事って一体？

　「グループで当番活動を行う」ことから２週間ほどしたある日のこと。「ご飯当番」がテーブルを拭いたり、パーテーションの準備をしたりしていた時、当番以外のＡ児が「パーテーションは当番の仕事やで！」と言いました。Ａ児の言葉を発端として、「これは当番の仕事だ」「これは当番の仕事ではない」と大騒ぎに!!

　この流れで、何となく行っている当番活動について、クラス全員で話し合いをしてみて、必要なルールがあるのであれば、そのことを整理することが「当番活動」の意味について考える良い機会になるのではないかと考えました。「ご飯当番とは何か」「ご飯当番は何をするか」について子どもたちと考えたところ、「ご飯当番の仕事」について、たくさんの意見が出されました。書き出してみると、「多すぎやろ……」というつぶやきも聞こえるほど、「ご飯当番の仕事」はすごい数になりました。

　パーテーションの話では、Ａ児以外の子どもたちからもいろいろな意見が発せられたことに私は驚きました。「パーテーションは自分でできるから、当番にして

もらわなくても良いやん」「自分が座るテーブルは自分でできるから自分
でしたら？」「当番は、テーブルを拭いたり給食を持って来たりするだけ
で仕事がいっぱいやん」という「自分でする派」と、「当番がしたい」「当
番にしてほしい」という「当番がする派」にわかれ、熱く議論が交わされ
ました。私から聞いていても、どちらの意見もわかるし、どちらの意見も
もっともです。子どもたちの様子を見ていると、どうも「今、何をするの
かをはっきりと決めてしまう」という気持ちが強いようでしたが、このま
とまりのない気持ちや状況は、当番活動を進める中で、より自分たちにあっ
たものを探っていくことも大切なのではないかと感じました。そこで、一
度やってみて、「こうした方がいい」と思った時に、もう一度話し合って
みてはどうかしら」と私の案を出してみました。

　その後の当番活動では、パーテーションの設置を、当番の人に声を
掛けてやってもらっている人、当番が声を掛け合って行っているグ
ループ、当番が間に合わない時に手伝いに行く人など、さまざまな状
況が見られています。当番の活動について、子どもたちのよくわから
ないあやふやな部分について、皆で考えを出し合い、他者の考えを聞
き、とりあえずではあるものの明確化したことで、子どもたちの「当
番がするものだから」という当番活動ありきの当番活動ではなく、「当
番活動がなぜ必要なのか」という相手や状況を思いやった当番活動に
つながっていくことを願っています。

3　保育のポイントを生かした環境・教材教具づくり

　子どもの道徳性や規範意識の“芽生え”につながる場面は、子ども
たちの生活において、どこで発生するかわかりません。その時、保育
者がどのようなアプローチをするかで、芽生え方もさまざまに変わり
ます。保育者は、「規範意識」の芽生えを通じて、子どもが自ら主体
的に生活を創っていくように支えることが求められます。

＜子どもの経験をもとにする＞

　本事例においては、きまりごとを可視化するようにしました。これは、子どもたちから「こうした方がわかりやすい」という声が上がったため、取り入れました。「問題について話し合ったことをホワイトボードにまとめる」という方法は、今までも子どもたちが生活の中で経験したことがあるものです。子どもたちは、話し合った内容を可視化して形に残すことで、対話を継続することができることを感覚的に理解していたのかもしれません。このように、子どもたちは今まで経

験してきた知識を総動員して、問題の解決を図ろうとします。保育者は、その意志を尊重してかかわることが大切です。

子どもの声から作成した当番表

＜生活に話し合う環境を組み込む＞

　子どもたちが問題ごとの解決を図ろうとするのは、それが明るみに出た時だけではなく、生活のあらゆる場面で見られます。自分の考えが明らかになってまとまり、言葉や態度で相手に伝えたいと思うようになって形に現れるのは特別な場に限りません。それは、1人の場合もあれば、ほんの小さなグループや友だち同士の場合も、クラス全体の場合もあり、状況もさまざまです。保育者は、子どもたちが心を動かされるような環境を生活の中に組み込むとともに、そうした子ども

たちのささやかな心の動きを敏感に感じ、表現できるように心を配ることが求められるのだと思います。

生活のさまざまな場面で当番活動について考える子どもたち

5 社会生活との関わり

「社会生活との関わり」にかかわる
発達と保育

和洋女子大学教授●**矢藤誠慈郎**

「社会生活との関わり」にかかわる発達のとらえ方

　幼児期の社会生活とのかかわりは、安定した情緒の下に、クラスの友だちとのかかわりから園全体へ、また家族から地域の人々や出来事とのかかわりへと次第に広がっていきます。こうした中で子どもは、他者とかかわり合うことのよさを実感していきます。また、公共施設などに触れたり関心をもって遊んだりすることで、社会とのつながりなどを意識するようになっていきます。こうした姿が、小学校生活における友だちとの学び合いや、地域への親しみや地域の中での学びを広げていくことにつながっていきます。

３歳児の発達段階と保育のポイント

①周りの人や人がすることへの関心

　３歳児は、周囲への関心や注意力、観察力が伸びて、気づいたことを言葉にしたり遊びに取り入れたりしながらごっこ遊びを楽しむ中で、日常の経験や保育者からのヒントなどを取り入れてイメージを再現するようになり、さまざまな人や物への理解を深め、予想や意図や期待をもって行動するなど、社会性を育んでいきます。

②身近なストーリーを思い描く

　また、簡単なストーリー（文脈）がわかるようになり、自分の経験や保育者のヒントから想像を徐々に膨らませていきます。たとえばバスが走る

ことにかかわる一連の文脈を、保育者の助けも得ながら子どもどうしで発展させていきます。

４歳児の発達段階と保育のポイント

①社会的な体験を生かし合うことで広がる遊び

　４歳児は、現実に体験したことと、友だちや図鑑などを通じて見聞きしたこととを重ね合わせたりしながら、イメージを膨らませ、物語を自分なりにつくったり、社会のさまざまな場面に興味をもったりおもしろさを味わったりしながら遊びを発展させていきます。

②葛藤を越えてイメージを共有していく

　子どものさまざまなイメージが、友だちの経験、知識やイメージとぶつかり合ったりすれ違ったりして、葛藤を抱えることがあります。そのような中でも友だちと遊ぶ楽しさを実現するために、気持ちに折り合いを付けたりお互いのアイデアを採り入れたりしながら、ごっこ遊びを広げ、またそのイメージの世界に没頭していきます。

５歳児の発達段階と保育のポイント

①関心のあることをより深く知ろうとする

　５歳児は、より広い社会の出来事などへの好奇心や探究心が一層高まり、詳しく知りたいと思ったり、本物らしくしたいと考えて遊びの中で工夫したりする中で、身近な情報を取り入れる姿が見られるようになります。

②社会生活を営む上で大切な自主と協調の姿勢や態度

　自分の見方・考え方や気持ちをわかりやすく伝えたり、相手の見方・考え方や気持ちを受け止めようとする力が育つことを通して、社会生活に必要な、他者を受容する力を身につけるようになります。子どもは仲間が必要であることを実感し、仲間の中の一人としての自覚が生まれ、自分への自信と友だちへの親しみや信頼感を高めていきます。

5 社会生活との関わり

興味をもったことを調べたり試行錯誤したりする3歳児

社会福祉法人七宝福祉会七宝こども園

1 「社会生活との関わり」にかかわる保育実践のポイント

　3歳児は、興味をもったことを友だちと一緒に調べる中で、考えたり試したりすることを楽しむ姿が見られるようになっていきます。そのため保育では、身近なものを使って見立てたり、作る過程で友だちの意見を聞いたりすることなど、遊びを通して作り上げる喜びを味わってもらえるように工夫することがポイントとなります。

　自分の話を聞いてもらう場面が見られるようになる一方で、意見の食い違いから思うようにならないことも経験するため、保育者は、子どもたちの考えが尊重されるように見守り、援助していくことが大切です。

2 「社会生活との関わり」にかかわる事例
―― ダンボールバスを作ろう！

　進級してからしばらく経ち、子どもが図鑑や廃材に興味をもち、さ

まざまなものを作る姿が見られるようになりました。友だちと作ったものを用いてお店屋さんごっこを楽しむ子どもたち。そんなある日のこと……。1人の子が廃材コーナーに置

いてある段ボールを見つけ
ました。押して動かしてみ
ると、「この段ボール、バス
みたいだね！」。子どもの言
葉から段ボールでのバス作
りが始まりました。

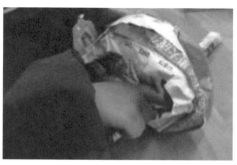

　「バスには窓がついてる
ね！」「タイヤもあるよ！」
と、友だちや保育者と一緒
に乗り物図鑑を見て調べて
いき、「窓描く〜!!」と図鑑
のバスの写真を見ながら描
いていきました。そして、
出来上がったバスに大喜び
で段ボールの中に入って歩

き、遊び始めました。1人の子が遊び始めると「僕もやりたい！」「私
もやりたい！」と、どんどん広がっていきました。また、乗り物が好
きな子はバスにハンドルがあることに気づき、「ハンドル作りたい!!」
と、新聞紙を丸めて保育者と一緒にハンドルを作りました。段ボール
の中に入ってバスを運転しているつもりで遊ぶ子どもたち。遊びに

夢中になっ
て室内を走
り回って楽
しみました。
"走る"とい
うことを楽

しむようになった子どもたちですが、こ
こで、①室内で走り回ることで、子ども
同士がぶつかってしまう、②バスを作っ

たものの、バスのことをよく知らない、
などの問題が発生します。

　初めは保育者が警察になって、走っ
てしまう子たちに「スピード違反で
す！　ゆっくり行ってください!!」と伝え
ていましたが、警察が出てきたことが嬉
しくなってしまい、危険な姿も見られま
した。言葉だけでは、せっかく作ったバ
スでの遊びも広がらないことに気づき、
新たに標識とバス停を作ることにしまし
た。

　「バスに乗りたいなぁ」と言う子もいましたが、みんな走るのに夢
中で気づいてもらえませんでした。そこで、バス停を作ることを提案
すると、「ぼくが作る！」と名乗りを上げる子が出てきました。保育
者と一緒にバス停の絵を見ながら作っていきます。本物のバス停を見
たことがある子が「ここに数字が書いてあったよ！」と、思い出しな
がら作る姿も見られ、「数字も僕が書くね」と、書ける数字を一生懸
命に書いてくれました。そして、出来上がったものを見て、みんな大
喜び！　　しかし、バス停の意味がわからずバス停を活用して上手く遊
ぶことができませんでした。

　そんなとき、月刊誌にバスの運転士さんを発見します。そこには、
バスを運転するときに大切なこととして、次の3つのことが書いてあ
りました。

〜バスを運転するときに大切なこと〜
①バス停には時刻表があり時間を守ってバス停にバスが来ること
②バス停に人がいたら止まって、人を乗せること
③安全に走ること

　その後の遊びでは、バス停に子どもが待つようになりました。また、

「このバスは動物園に行きますか？」と聞いたり、友だちを乗せたりしているので、安全に気を付けてゆっくり進むようになりました。

　バス遊びから派生して、信号・歩行者用信号や免許証、踏切、電車や郵便ポスト、郵便配達車も作りました。

3　教材・教具・環境づくり

　遊びの中で「止まれ」や「一方通行」などの標識を作り、標識への興味を高めていきました。そして、園外で実際に標識を見てどのような形をしているのか標識の意味を伝えたり、止まれの標識の前で止まって左右の確認をしてから進む車を見たりする経験をしていったことで標識の役割に気づき、遊びの中で活用することができました。1人では上手く作れなくてもイメージを共有していくことで、年少児でもこれだけのものを作り上げ遊びを広げていくことができました。子どもの想像力を伸ばしていけるようにかかわっていくことの大切さを改めて感じました。

5 社会生活との関わり

社会生活についてのイメージをふくらませる4歳児

社会福祉法人七宝福祉会七宝こども園

1 「社会生活との関わり」にかかわる保育実践のポイント

4歳児は、毎日の遊びを繰り返すうちに、自分自身が経験したことにより近いことを表現しようとする姿も増えてきます。本実践では、生活に関係の深い情報や施設などに興味や関心がもてるよう深く知る機会をつくっていきたいと考えました。4歳児同士で「これってどうやって作るんだろう」「○○円で売っていたよ」など、体験を通じてそれぞれのイメージしたことを豊かにしていき、「社会の一員」を経験することで、さらに活動を広げていけるように援助していくことが大切です。

2 「社会生活との関わり」にかかわる事例 —— 職業体験

進級当初からごっこ遊びが大好きで、ごっこ遊びを通して友だち同士のかかわりが多くみられるようになりました。また、遊びを繰り返す中で、日ごとに子どもたち自身でいろいろな職業に焦点を当てて遊んだり、経験に基づいて遊んだりする姿が増えていたため、より深く知る機会を作りたいと思いました。乗り物に興味をもち車のおもちゃを持って楽しむ姿が多く見られました。そこで、職業体験をすることにしました。

(1) 車の整備士

車の構造の写真をよく見て、何を作りたいか考えました。「ヘッドライトチーム」と「車のボディチーム」に分かれていざ製作。友だちの

意見も聞きながら進めていました。

（2）　デザイナー

　5つのグループに分かれてそれぞれ自分たちの作りたいもののデザイン画を描きました。その後、描いたデザインを基に好きな素材を使って衣装づくりを行いました。話し合いがなかなかうまく進まずにいるグループもありましたが、友だちの気持ちを尊重して、その上で自分の意見を発する姿もあり、より成長を感じる機会となりました。

（3）　おしゃれショップ

　子どもたちが活動の中で始めたお店屋さんごっこ。お金を作ったり、工場と連携を図りながら仕入れを行っていました。陳列の仕方にも工

夫がされており、布を敷いたり、お花を飾って華やかにしたりしていました。その後もお店屋さんへの興味は継続し、自分たちでお金や値札を作ったり、商品を並べて楽しんだりする姿が見られました。

　その頃お金に興味をもつ子が増え、大きな数の単位について子どもたち同士で話をする姿もよく見られていました。

（4）　銀行

　銀行の体験では、手作りのお財布に大事そうにお金を入れていました。

(5) ショッピングモール

　銀行ごっこの翌日に大型ショッピングモール「月パーク」をオープンするため、商品陳列を行い、お買い物をしました。

　保育室のかばんをエコバッグとして活用していました。色紙で作ったものが落ちていることが多かったことで、違った目線から物の大切さを伝えられたらと、普段何気なく使っている園の用品もそれぞれ値段があることを伝えました。

　活動の中でも、「撮影スタジオ」「病院」「美容院」など、いろいろな職業を使ったごっこ遊びを行う姿が見られるようになりました。

(6) 月ッザニアを作ろう！

　これまでの経験から子どもたちと話し合い、「花屋さん、レストラン、病院」をすることにしました。体験するお店が決まると、力を合わせて準備を開始しました。

　はじめは興味を示さなかった子も友だちの楽しそうな姿を見て、自分なりの意見を出し、いきいきと参加しはじめる姿が見られていました。また、新しい画用紙を使っていた子は、作ったものの端切れをみつけると「〜が作れそう」と進んで活用する姿もありました。

　迎えた「月ッザニア」オープンの日。バイキングのメニューを並べたり机や積木の配置で病院のようにしたり、お花を花瓶に生けたりと張り切って準備する子どもたちでした。

　病院では、待合室で視力検査などをしながら待っていると、名前が

呼ばれ、「今日はどうしましたか？」と
問診が始まります。病状によっては注射
をしたり、点滴を打ったり、レントゲン
を撮ったりと、子どもたちにとって身近
な施設である病院で、自ら経験したこと
にイメージを膨らませていました。時に、
「大丈夫ですよ」と優しく声掛けする姿
もありました。

　レストランでは、これまで作ってきた
食材が並ぶと行列ができ、トングで好き
なものを取り、食べる姿がありました。
店員さんは忙しそうに順番待ちの表に名
前を書いたり、取りづらいところをさり

げなく手伝ったり、食品の補充をする姿がありました。
　1つお仕事を体験することで、収入が得られ、他のお店で使える仕
組みを取り入れました。

3　環境づくり・教具づくり

　日々の子どもたちの遊びの中で、自分たちが経験したことを再現し
遊びに取り入れていることが多く、今回は職業をテーマに活動をして
いきました。
　私たちが暮らす地域には、さまざまな施設があり、そこには働く人
がいるなど多くのことを学びました。今回の活動を通して、職業に応
じて必要なものは何かと友だち同士で話し合ったり、調べたりしなが
ら興味・関心を広げることができたように思いました。

5　社会生活との関わり

さまざまな文化を知り、かかわっていこうとする5歳児

社会福祉法人七宝福祉会七宝こども園

1　「社会生活との関わり」にかかわる保育実践のポイント

　5歳児は、自分の住んでいる地域や町、さらには日本以外の国を知り、話し方、食べ物などといった文化の違いがあることも知っていきます。「何が違うの？」という疑問点から、興味・関心をもつことで活動へと発展し、その中で体験したことを通して、他者を認め受け入れることの必要性を感じていきます。本実践では、自分と他児との違いに気づき、どのように受け止めていくのかを念頭に、日本以外の国があることと日本とは違う文化を知り面白さに気づいてほしいと思ったことがポイントとなりました。自分の中の価値観や常識は他の人とは違うことを知るということも5歳児にとって必要なことではないかと考えました。

2　「社会生活との関わり」にかかわる事例の具体

　5月から中国国籍の5歳児Kくんが仲間入りすることとなりました。しかし、日本語が全く話せないKくんと他児との間で、トラブルが発生。子どもたちは今まで、"言葉が通じることが当たり前"の環境で過ごしてきたため、何を言っても通じないKくんの存在に戸惑いを見せ始め、「どうしてKくんはしゃべれないの？」「Kくん話せないからやだ！」と、Kくんを避ける姿が見られました。

　一方でKくんは通じないなりに、ジェスチャーや翻訳機を通して友達とのかかわりを作ろうとしていました。そんな子どもたちの戸惑いや頑張りを何とか助けたいと考え、まずは海外との違いがわかりやす

い国旗について活動を行うことにしました。

（1）　国旗について知ろう　―海外と日本って何が違うの？―

　「どうして国旗ってあるのかな？」「国旗ってなに？」と子どもたちと考えましたが、「飾り……？」と答える子どもたち。国旗はそれぞれの国の象徴であり、思いが込められていることを伝えると、とても興味をもち始める様子が見られました。Kくんは自分の国の国旗がわかるようで、周りにアピールしていました。子どもたちは、どの国旗が可愛いか、かっこいいかで盛り上がる姿も見られ、国旗について興味をもつようになりました。

　海外について興味を示し始めたところで、日本と違う部分に触れて、考え方は国によって違うことはもちろん、人も違うことに気づいてほしいと考え、国旗以外にも違うところがたくさんあることを伝えるため、着る服、お金、言葉、食べ物、文化について伝えていきました。オーストラリア、韓国、日本、香港などさまざまな国のお金を実際に見せると、厚さ、デザインの違いなどに気づき、言葉にして表す姿が見られました。

　今までの子どもたちは、中国語がわからないため、何か言いたいことがある時は、「Kくん!! それはノー!!」と言うしかありませんでした。Kくんもただ「ノー」だけ言われても困ってしまっていました。そこで、部屋に中国、韓国、アメリカ、日本の4か国語の挨拶表を貼りました。特に中国語には、「Kくんの国の言葉があるじゃん」と反応。貼ってある挨拶表を見ながら、言葉を交わしたり、ごっこ遊びをしたりしながら、外国語を話すことを試み始めました。

（2）「空の国」の街を作ってみよう

　発表会で行う劇の内容を相談している時に、「いろいろな国が出てくるお話がいい」と子どもたちから意見が出ました。「こんな国があったらいいな」「私たちの国のルールはこういう風にしたい」など意見

を出し合い、炎・氷・平和・戦い・プリンセスの５つのオリジナルの国が出来上がりました。ほかにも、「国同士のケンカになるのは嫌だ」「元々５つの国は仲良しで、何かあったら助け合うっていう風が良い」などの意見が出て、子どもたちは、それぞれの国のことを考えていく中で仲を深めていきました。

　さらに保育者は、「構成遊び」について気になっていたことがありました。元々、作ることが好きで、いろいろな構成の玩具を使って遊ぶことが上手な子どもたち。しかし、レゴ®が流行し始めてから、レゴ®ばかりになってしまっていました。また、構成遊びに興味のない子は触ることも少なく、もっと遊びの幅を広げていきたいと考えていました。そこで、構成の玩具、紙コップ、段ボール、廃材などさまざまなものを使って、「空の国」の街を作ろうと考えました。

　劇では、５つの国が１つの国（「空の国」）になったところで終わっていたので、日本や海外の食事など文化がそれぞれ違うことを踏まえて、どんな国にしたいか、みんなで相談しました。

　まずは、自分たちが住んでいる街を参考にしてみました。愛知県の名所「レゴランド®」「名古屋港水族館」「東山動植物園」は出ましたが、住んでいる町のことになると、意外と思い浮かばない子どもたち。そこで、町の消防署や神社、病院、駅、田んぼを写真で紹介すると、イメージが浮かんできた様子でした。

　普段から構成遊びを好む子は、すぐにさまざまなものを用いて作り始める姿が見られましたが、あまり興味のない子は、戸惑いを見せる姿も見られました。そんな子の姿を見て他児が「一緒に作ろうよ」と誘ったり、保育者が声を掛ける前に子ども同士でやり取りが始まったりと、みんなで共通の目的に向かって、遊びを進めていく楽しさを感じながら国を作り上げていく姿がみられるようになりました。

3　環境づくり・教具づくり・まとめ

　友だちとのかかわり方や、それぞれの考え方について伝える方法と

して、「日本と海外」を題材にしながら
伝えていくことの難しさを感じました
が、活動時間の中で国旗に絡んだ遊び
をしたり、国の料理を作ったり、海外
の言葉を話したり……予想した以上に
興味を示す姿に驚きました。「日本でし
か」生活したことのない子どもたちに
とって海外のことを知っていくことで
世界が広がり始めていることが見てい
てわかりました。だからこそ「日本以
外」も知っているKくんはみんなにとっ
て凄い存在になりつつありました。

　この活動を始めてから、Kくんに「○
○って中国語でなんていうの？」「中
国で美味しいご飯は？」など質問をた
くさんしたりとお互いに歩み寄りなが
ら少しずつ関係性が深まり、意見を主
張することが多かった子どもたちも、
「自分の意見だけが全部合っているわ
けではない」「みんなが色んな気持ち
をもっている」ことが少しずつわかっ
ているかのように、相手の意見もきち
んと受け入れようとする姿も見られる
ようになりました。

　5月から始まった取組みですが、思った以上に子どもたちが興味を
もって取り組んだり、発表会での意見を取り入れたりと興味・関心が
途切れず年間を通して同じ課題を取り組めたことはとても良かったと
思いました。子どもたちが、相手の気持ちを考えたりすることが自然
とできるようになってきた姿に成長を感じ、嬉しく思います。

6　思考力の芽生え

「思考力の芽生え」にかかわる発達と保育

お茶の水女子大学教授●**宮里暁美**

「思考力の芽生え」にかかわる発達のとらえ方（3歳・4歳・5歳）

　幼児は身近な環境と出会い好奇心旺盛にかかわる中でさまざまに感じ取っていきます。「面白い」「不思議」と思う気持ちから対象に繰り返しかかわるからこそ得られる気づきが、思考力の芽生えになります。

　物の特徴や仕組みについて考えることは科学的な思考の芽生えとなります。「こうすればこうなる」ということを見出したときの喜び、それを友だちや保育者に伝えたときの誇らしい気持ち、それがさら探究的にモノやコトとかかわる意欲へとつながります。かかわりを重ねる中で違う反応に直面し「どうしてだろう」と考えていくようになります。砂や水、土など可塑性のある素材とのかかわりや、身近な植物や生き物などに寄り添い、変化し変容する過程を見守る中で、ゆっくり育まれていく資質・能力です。

3歳児（年少児）の発達段階と保育のポイント

　この時期の子どもは新鮮な思いで身近な環境と出会い、手で触れたり体全体で味わったりして「こうしたらこうなった！」ということを感じとっていきます。面白いと感じたことを繰り返し楽しむ中でため込まれた「実感」が、その後の「モノやコトに対する探究的なかかわり」を支えます。土や水、砂、感触遊び、身近な自然など、多様なかかわりが期待できるモノとの出会いを大切にし、「感じる」を存分に味わえる環境を整え保育者もともに遊び感じる援助が保育のポイントです。

４歳児（年中児）の発達段階と保育のポイント

　友だちとのかかわりが広がってきて言葉を交わしながら遊びを進めていくようになります。同じ動きを楽しみ笑い合うという共感的なあり方を基盤としながら、時には「どうすればいいかな」と一緒に考えたり、自分の意見を伝えたりするようになってきます。自分だけで考えていたところに友だちが加わることで葛藤する場面も出てきますが、次第に思考し合う姿が見られるようになってきます。

　身近な環境に自由にかかわることができる生活の中で、多くの発見や気づきを重ねる子どもたちです。変化を味わえる道具やじっくり取り組める時間、場、仲間がいることで探究は広がっていきます。

５歳児（年長児）の発達段階と保育のポイント

　遊びを通して学びを広げてきた子どもたちは、経験を通して気づいたことを言葉で表せるようになります。身近な環境とかかわる中で「知識」や「考え」を見出した体験は子どもたちの自信になり、もっと知りたい、もっとわかりたいという気持ちを引き起こし、より積極的に環境にかかわるようになっていきます。

　遊びの中で考えたことを学級の仲間に伝える場面を設定することで、自分が体験したことや考えたことをより明確に意識するようになります。友だちの考えに触れることで刺激を受け、育ち合いにつながっていきます。保育者自身が自由な発想をもつことで、子どもたちが自由に意見を交わせるようになります。探究的な取組みが広がります。

6　思考力の芽生え

「感じる」を蓄えていく3歳児

お茶の水女子大学教授●宮里暁美

1　3歳児の保育のポイントと実践

　3歳児の時期は、思考力の芽生えを育む上で大切な時期です。身近な環境に直接触れ、面白いと感じたことを繰り返し楽しむ中で「感じる」が蓄えられていきます。「感じる」を支えるためには、環境の在り方や保育者のかかわりが重要な意味をもちます。自分の心の奥底から出てきた興味や関心に応じて身近なものとかかわる中で「感じる」を蓄えている姿から、環境や援助のあり方について考えてみましょう。

2　3歳児の保育実践の具体

（1）　じっと見る：水たまりと出会う（6月）

　雨上がりの散歩で大きな水たまりを見つけました。子どもたちと保育者は思わず立ち止まり、じっと見つめています。少しして見つけてきた木の枝でつりごっこが始まると、落ち葉を魚に見立てたり、水の中に入ってバシャバシャと遊びだす姿も出てきました。

＜考察＞

　水たまりは雨上がりに出現します。普段は無いものが出現したことは子どもたちの心をとらえます。興味をもったものに自らかかわる体験を重

ねることで「思考力の芽生え」が育まれて
いきます。保育者がじーっと水たまりをの
ぞきこむという姿を示すかかわりは、子ど
もたちの動きを支える大切な援助です。

(2) 「変わる」に引き込まれる：霧吹き
　　で遊ぶ（7月）

　水を入れた霧吹きを手に取りレバーを押
すと水が出てくることがわかったA児とB
児は、いろいろなところに水をかけていき
ました。

　乾いた地面に吹きつけると地面の色が変
わります。木の滑り台に吹きつけるとつや
つや光ります。「ねえ見て。こんなになっ
た！」と声を掛け合っています。

　庭の植え込みのところに行き、植木にも
吹きつけていたら、そこで幼虫を発見しま
した。とても大きい幼虫に驚きながら「水
飲むかなあ」と言いながら水をかけていま
す。

　霧吹きの水を受けても幼虫がじっとして
いる様子を見て、「水好きなのかな？」「何
ていう虫かなあ」と呟いていました。
＜考察＞
　水がかかることで起こる変化は明確でとらえやすく、それが子ども
たちの心をとらえていきます。霧吹きが2つあり、それぞれに自分の
霧吹きを持ちながら行えたことで、気づきを共有することができまし
た。戸外で取り組むことで、自然物との出会いがあり、新たな気づき
の可能性とも出会うことができました。

（3）　自然に触れて自然と遊ぶ：いいもの見つけた！（11月）

　秋も深まってくると木の実や葉、枝が落ちていてそれを集めて遊ぶ姿がよく見られるようになります。強い風が吹いた翌日は枝がたくさん落ちていました。「こんなのあったよ」と次々に見つけてきます。長い枝を見つけてきた友だちに「どこにあったの？」と聞くと「こっちだよ」と教えてくれます。重い枝を見つけると「誰か手伝って」と呼びかける声も聞こえます。見つけてきた枝を組み合わせて何かを作ろうとする姿も見られました。

＜考察＞

　草木が生茂る自然の中に入り自由に過ごせる時間があると、子どもたちはいろいろなものを見つけるようになります。自然物の良さは、季節によって変化すること、色や形、感触などが多様であることです。変化に富み多様であるという特性は、子どもたちの気づきを誘う要因になります。身近な自然の中で自由にかかわり遊ぶ体験の重要性はここにあります。集める、持つ、引っ張って歩く、など、自然物にじっくりかかわり、自然物そのものを味わっている姿を大切に受け止め支える援助が大切です。

（4）　変化を味わい美しさを感じる：雪で遊ぶ（2月）

　雪がたくさん降って、いろいろ遊んだ後に「かき氷遊び」をしました。カップに雪を入れて、そこに色水をたらしていきます。スポイトに色水を入れて少しずつ垂らしていくと色がゆっくり混ざっていきます。「これイチゴね」「こっ

ちミックス」と話しながら取り組ん
でいます。出来上がったかき氷を
使ってお店ごっこをして遊んでいま
した。

＜考察＞

　氷に色をつけていくと変化がわか
りやすく、美しさも感じられるので、子どもたちの心が惹きつけられ
ています。「これ好き」「もっとやりたい」という声が出てきます。夢
中になって遊びながら、「こうするとこうなる」という気づきが蓄え
られていきます。

3　実践例（1）～（4）からとらえられる環境・援助のポイント

　4つの実践例に共通していたのは「じっと見ること」「遊ぶこと」
の2つです。

　水たまりを覗き込んだり、霧が吹き付けられると色が変わる様子に
気づき「じっと見たりする」姿はどの事例の中でも見られました。じっ
と見る対象は身近な環境の中にあります。それらにかかわりじっと見
ている子どものそばにいて、保育者もまたじっと見ています。思考力
の芽を育てる上で保育者に求められるのは、言葉よりも姿、眼差しで
あることがわかります。

　子どもたちは「存分に遊ぶ」中でさまざまに感じ取っています。初
めは覗き込んで見ていた水たまりですが最後にはバシャバシャっと入
り込んで遊んでいました。木の枝を見つけてきたり、色とりどりのか
き氷を作ったりしていた子どもたちも、最後はそれを使って遊びます。
「感じる」「気づく」という体験は、夢中になって遊ぶ中で、「感じる」
や「気づく」が引き起こされていきます。特に、3歳児の頃は全身を
使って存分に遊ぶ体験が大切です。

6 思考力の芽生え

気づきや思いを伝えようとする4歳児

お茶の水女子大学教授●宮里暁美

1 「思考力の芽生え」にかかわる4歳児の保育のポイント

　友だちとのかかわりが広がってくる4歳児の時期では、友だちとの遊びが活発に展開していきます。互いに気づいたことを表したり伝えたりして遊びを進めるようになり、次第に自分の気づきや思いを伝えようとするようになってきます。うまく伝えることができず葛藤する場面も出てきますが、次第に思考し合う姿が見られるようになってきます。

　身近な環境に自由にかかわり、多くの発見や気づきを重ねる子どもたちの姿から、環境や援助のあり方について考えていきましょう。

2 「思考力の芽生え」にかかわる4歳児の保育実践の具体

(1) コツを教え合いながら遊ぶ：泡作り（6月）

　おろし金で石鹸をすり下ろしボールに入れて水を加えよくかき混ぜると泡ができます。初めはそれぞれに夢中になってやっていますが、少しして周りの様子が目に入ると、いい感じの泡を作っている友だちの様子が見えてきます。「どうやるの？」「水をこのくらい入れるといいよ」と教え合う姿も見られました。そばにあったチョークを粉にして泡に混ぜてみたら泡に色がつくことがわかり、「違う色のチョークを出して！」という声が上がりました。

＜考察＞

　泡立て器で少しかき混ぜれば泡が立ちます。子どもたちは自分でそれをやりたいと思い挑戦していきます。さらによく混ぜていくときめ細かい泡が立ちます。自分の作った泡と友だちの泡の状態の違いに気づき「どうやったらそうなるの？」という問いが出てきます。

　問いかけられることで考え、その考えを伝えて中で「こうしたらこうなる」ということがはっきりしていくように思われます。

（2）　力を合わせて挑戦：水を流す（7月）

　砂場や水遊びの場所に樋が置いてあります。子どもたちはそれをつないで水を流す遊びをよく行っています。砂場ではバケツやカップなどを使って水が流れる傾斜を作っています。

　水遊び場では補助道具（職員手作り）を使って傾斜を作り、水が勢いよく流れる状況を作り、葉っぱや実などを流して「この葉っぱ早いよ」など流れ方の違いを伝え合う姿が見られました。

＜考察＞

　水をゴールまで届かせたいという目標は、子どもたちの中で共通になりやすく、協力して取り組む姿を引き出します。いろいろな長さや太さの樋があることで多様な試しが生まれます。途中で樋がずれてしまうなど、うまくいかない状況があることで工夫が生まれます。試行錯誤する時間がとても大切です。「この葉っぱ早いよ」という言葉のように、子どもたちは、水の流れと葉の動きから多様な気づきをしています。子どもたちが、何に気づき、何を試しているのか、ということを見逃さず見守っていくことが大切です。

（3）　宝物発見！：この石、割れるよ！（10月）

　土の山をスコップで削っている子どもたちがいました。できるだけ

深く削ろうと力を合わせています。その様子を見て「やりたい」と仲間が集まってきました。下の写真が努力の成果です。発掘してきた宝物のような土の塊です。大事に箱に入れて「これ、土みたいな石だよ」と教えてくれました。

＜考察＞

　子どもたちは穴を掘ることが大好きです。土を盛り上げて作った土山は、掘ったり削ったりできる山でした。初めは「化石を掘っている」と言っていた子どもたちでしたが、大きな塊を掘り出すことが面白くなり、それをいくつも集めて「土みたいな石」と表現しています。身近な環境にかかわり変化させられる時、子どもたちの気づきは大きく広がると思われます。

(4) 大発見！：見て、光が映ってる！（11月）

　CDを取り替えようとしてデッキから取り出した時、そこに光が当たって、虹のような光が壁に映ることに子どもたちが気づきました。

　「わあ、きれい！」と感嘆の声が上がります。「あっちにも映して」という声が上がり、遠くの壁に光が映るようにすると子どもたちは大興奮です。その様子を見て「みんなもやってみる？」と聞いてみるとすぐに賛成の声が返ってきました。子どもたちの要望に応えて、音楽CDを子どもたちが使えるようにし、CDの持ち方を伝えた上で、一人ひとりに渡していきました。子どもたちは、はじめのうち、どうやると光が壁に映るのかがわからずにいましたが、CDを動かしている内に、ちょうど虹の光が映る角度を見出し、光をみつけて夢中になって遊んでいました。

＜考察＞

　CD の面に光が当たることで壁に虹
の光が映る、という現象は、虹色の光
ということに特別感があり子どもたち
の心が引き込まれています。CD を子
どもたちに渡したことで、さまざまな
試しと気づきがもたらされました。物
の取り扱いの仕方の注意を伝えた上

で、一人ひとりに CD を渡し、あとはそれぞれの探究に任せたことで、
気づきが生まれたと思われます。日常生活の中で出会う「不思議な現
象」に子どもたちが興味を寄せた姿を見逃さず、十分体験させていく
援助が大切だと考えます。

3　実践例（1）〜（4）からとらえられる環境・援助のポイント

　4 歳児の実践例では、泡作りや水路作り、石のように見える土の塊
の発見、光の反射の発見、について紹介しました。これらの実践例に
共通しているのは、水・土・光、といった素材です。素材とのかかわ
りの中で、それが変化する様子に気づき、没頭して遊んでいます。そ
してそれを友だちと共有しています。一緒に楽しむ友だちがいること
で、繰り返し楽しむようになり、楽しさが膨らんでいきます。

　これらの動きを支えている保育者の援助は、子どもたちが存分にか
かわれるように素材や道具を用意することです。泡立て器やボール、
おろし金などを数多く用意します。自分の手で作ることに意味がある
ので、石鹸も小さく切っておきます。

　また、体験する中での子どもたちのつぶやきを大切に受け止め、繰
り返したり、保育者も同じようにやってみたりするかかわりも大切で
す。子どもが無意識にしていることの中に、大事な気づきがある場合
があります。身近な素材にかかわり、楽しさを感じながらさまざまな発
見をしている子どもの様子をしっかりとらえていくようにしましょう。

6　思考力の芽生え

探究への意欲が芽生える5歳児

お茶の水女子大学教授●**宮里暁美**

1　5歳児の保育のポイント

　5歳の子どもたちは、生活や遊びのさまざまな場面で、自分なりに考え行動するようになってきました。また他の友だちの考えに触れ、刺激し合うことで高め合う姿も見られます。子ども自身の気づきを大切にしつつ、より探究が深まるように情報や専門家との出会う機会を設定することも必要になります。子どもたちの意欲を大切にしながら探究的な取組みを支え、思考力の芽生えにつながったと思われる実践例を紹介します。

2　「思考力の芽生え」にかかわる5歳児の保育実践の具体

(1)　よく見る、語り合う：植物園の展示室見学（5月）

　年長組に進級した5月、自然豊かな植物園に遠足に行きました。

　植物園の中に展示室があり、植物や昆虫についての展示がありました。日頃から小さな生き物に興味を示し飼育している子どもたちだったので見に行くことにしました。

　小さな展示室なので5、6人のグループで見学。係の人にも質問をしたりしながら見ていきました。手で触れることができる展示もあり、興味をそそられたようでした。翌日、遠足の記録を子どもたちと一緒に作成し玄関に掲示しました。「大きな花の写真があったね」と展示室のことがよく話題に上がりました。

＜考察＞

　展示物への関心や集中は、身近な自然に触れてさまざまに感じ取っ

てきた生活の積み重ねを土台としています。
小規模な展示を少人数で見るという方法は５
歳児の実態に合っています。友だちと同じ視
線でよく見たり語り合ったりというかかわり
の中で、もっとよく見よう、という気持ちが
広がっていきました。

（2）　１人の子どもの夢から：たんぽぽゼリーを作る（６月）

　D児が「やりたいことリスト」を書いてき
ました。そのリストの中にあった「たんぽぽ
ゼリー作り」にみんなも興味をもち、やって
みることになりました。

　栄養士のK先生に相談に行くと「作り方を
調べておくね」という力強い返事が返ってきました。D児が家でお母
さんと調べてきた情報と合わせて、レシピが完成。初めにすることは
たんぽぽの花集めです。散歩の時にみんなで集めてきれいに洗い鍋で
煮ます。砂糖を入れて煮詰めていくので甘い匂いが漂ってきます。ゼ
ラチンを入れて冷やすとプルンプルンになりました。出来上がったた
んぽぽゼリーは小さく切ってみんなで味わいました。一切れを口に運
びながら、微かな味わいを楽しむ子どもたちでした。

＜考察＞

　D児の発案をクラスの話し合いで取り上げたことで、みんなのやり
たいことになっていきました。栄養士の協力を得ながら子どもたち一
緒にたんぽぽゼリーを作った体験は、「初め
てのことをやってみる面白さや喜び」を味わ
う機会になりました。

　調理活動では、煮たり焼いたり蒸したりす
ることで、物が変化することを体験できます。

そして最後には「食べる」という喜びが待っています。子どもたちは、調理活動を体験しながら、さまざまな学びを得ています。

(3) 1人の子どもの疑問から：「これ、なんだろう？」（10月）

　K児が、休日に海岸で骨のような物を見つけてきました。「これなんだろう？」というK児の言葉から、みんなで考え合うことになりました。

　「骨？」「魚のおびれ？」「ちょっと臭い」などいろいろな意見が出ました。粘土を使って「ここの部分だと思う」という物を作ったり、インターネットで調べてみたりしましたが、確信を得られる答えに行きつかなかったので、専門家に手紙を書いて聞いてみることにしました。すると葛西臨海公園の担当者から返信があり、「ハクレン」という魚の一部ということがわかったのです。その返信を子どもたちに紹介すると「ハクレン」という聞いたことのない魚の名前に興味を示していました。

＜考察＞

　見たことのない物と出会った時の興奮、これは何？　という謎を追う面白さが子どもたちを夢中にしていました。「こうではないか」という考えがいろいろ出た時に粘土を使って作って確かめてみよう、ということを投げかけたのは保育者です。「考え」を見える形にしていくことで、さらに「考えよう」という意欲が高まります。

(4) 夢中になる：コマ回しの探究 （2月）

　冬になるとコマ回しがよく行われます。5歳児は投げゴマに挑戦します。紐の巻き方やコマの投げ方にはコツがあります。粘り強く挑戦

し、ようやくコマが回った時の喜び
は格別です。コマがよく回るように
なると、次はそのコマを変身させる
ことを楽しみ始めます。テープを貼
ると光って見えたり、回っているコ
マにドーナツ状の紙をのせると色が

変わっていったりします。回っているコマの側面にペン先を当てると、
きれいな模様が描かれることにも気づきました。少し手を加えること
で変化していく面白さに引き込まれるようにして過ごしている子ども
たちの姿があります。

＜考察＞

　コマ回しには子どもたちの心を惹きつけてやまない魅力がありま
す。じっと見つめている子どもの体は、コマと一体化しているように
も見えます。没頭する子どもは、体で思考している、ということが言
えるのかもしれません。コマ回しは幼児期に体験させたい大切な遊び
だと考えます。

3　実践例（1）〜（4)からとらえられる環境・援助のポイント

　5歳児のクラスの子どもたちは、さまざまな体験を重ねる中で、「何
だろう？」という思いをもち、粘り強く取り組むようになってきまし
た。子どもたちは、遊びや生活の中で出会う一つひとつのことに対し
て、感じ考えています。子どもたちの意見を聞き、子どもたちと遊び
や生活を作り上げていく営みを大切にしていくことで、主体的に環境
にかかわり、自分の力を発揮する子どもたちが育っていくと考えます。

　子どもたちの中にある「もっと知りたい」「わかりたい」という気
持ちは、学びの根っこになります。この気持ちを大切にして体験を重
ねていけるように支えていきます。図鑑やインターネットを活用した
り、専門家と出会ったりする体験は、子どもたちの興味や関心の広が
りにつながっていくと思われます。

7 自然との関わり・生命尊重

「自然との関わり・生命尊重」に かかわる発達と保育

大阪総合保育大学教授●瀧川光治

「自然との関わり・生命尊重」とは？

　多くの子どもたちはダンゴムシやチョウチョ、カブトムシ、ザリガニやカメなどの虫や生き物を見つけると、捕まえたり、触ったり、飼育したいという思いが生まれてきます。また、道端に生えている草花を見かけると心が動き、じっくり見ようとしたり、手で触れてみたり、ちぎったり、においを嗅いだりします。そして木々の幹に触れてみたり、枝になっている花や実を見あげたりしながら、自然の大きさや美しさを感じたりします。このようなことから「自然などの身近な事象に関心をもつ」ことや、「身近な動植物に親しみをもって接する」ことが始まります。

　さらに、園で飼育している虫や生き物などに触れたり、園庭などの草花や木々、栽培物に触れたりする機会があると、目に触れる身近な動植物に興味が生まれ、主体的にかかわっていく中で、いろいろな気づきや発見やその動植物に対する感情や命としての存在を感じるようになっていきます。たとえば、ダンゴムシを飼い始めることになれば、ダンゴムシって「小さい」「黒い」「面白い形をしている」「いっぱい足がついている」などの目に見える特徴に気づいたり、「ひっくり返すと足が動いているのが見えて面白い」「歩くときって、こんなふうに歩くんだよ」と気づいたり、「ダンゴムシのおうちつくりたい」「ダンゴムシって何を食べるのかな」という思いや疑問が生まれてきて、「生命の尊さに気づき、いたわったり、大切にしたりする」ようになっていきます。自分たちで育てている植物（夏

野菜や米、アサガオやヒマワリの花など）でも、継続的にかかわっていく中で、「大きくなってきた」「葉っぱの形がおもしろい」「トマトの赤ちゃんできてきた」など目に見える特徴に気づいたり、「早く大きくならないかな」という思いが生まれたり、鳥や虫などに葉っぱや実がかじられたときには「どうすれば鳥や虫から育てている植物を守ることができるか？」といった疑問が生まれ、それを子どもたちなりに解決していこうとします。

　このような経験を積み重ねる中で「自然との関わり・生命尊重」の「自然に触れて感動する体験を通して、自然の変化などを感じ取り、好奇心や探究心をもって考え言葉などで表現しながら、身近な事象への関心が高まるとともに、自然への愛情や畏敬の念をもつようになる。また、身近な動植物に心を動かされる中で、生命の不思議さや尊さに気付き、身近な動植物への接し方を考え、命あるものとしていたわり、大切にする気持ちをもって関わるようになる」という育ちとして現れてきます。そのためには、3歳児くらいからダンゴムシなどの子どもにとって身近な虫を捕まえたり、園庭や道端に生えている草花に触れたり、実体験として花や夏野菜などを育てる経験を多くの機会があることが大切です。

保育者として意識したいこと

　保育者としては、子どもたちが自然物や自然事象に触れたり、飼育・栽培などの体験が継続できるように意識したり、園庭やテラスだけではなく保育室でもそのような自然に触れることができるように環境構成の工夫が大切です。子どもたちは1回の体験ですべてを体験し尽くすことはできないからこそ、自然の変化や意味に気づき、新たな疑問や思いが生まれてくることを意識して、継続的に自然にかかわる中での子どもの思いや発想・気づきを受け止めていくことが大切です。

7 自然との関わり・生命尊重

身近な生き物に惹かれていく3歳児

社会福祉法人ゆずり葉会深井こども園教諭●**大口理恵**

1 「自然との関わり・生命尊重」にかかわる3歳児の保育のポイント

　園庭で出会うダンゴムシやアオムシ、バッタなど身近な虫や生き物に興味惹かれて、探して捕まえることから始まります。最初は1人で探していても、だんだんと子どもたちの間で「ここにいっぱいいるよ」など情報交換する姿も増え一緒に探すようになっていきます。

　捕まえることが一段落すると、直接手の上に乗せて、眺めてみたり、何かの上に乗せたり、歩かせたりと直接手に触れてかかわる中で不思議さや好奇心、「こうやってみたらどうなるかな?」と子どもたちなりのかかわり方をする姿も見られます。子どもたちが気づいたことを友だちや保育者に言葉で伝えたり、その嬉しさや不思議さを感じている気持ちに寄り添い、子どもたちの想像力が膨らむように少しヒントになる言葉をかけたりするなどを心がけることが大切です。また、保育者も子どもたちと一緒に観察しながら日々の様子に興味がもてるようなかかわりも大切にしていくとよいです。

2 「自然との関わり・生命尊重」にかかわる3歳児の保育の具体

＜場面1　みて、みて、ダンゴムシ見つけたよ!!　(3歳4月上旬)＞

　園庭の花壇やプランターの下にはダンゴムシがいるのを子どもたちはよく知っています。毎年年長児から年少児へとダンゴムシの居場所を伝えられているからです。春になると決まってバケツやカップを持って花壇周辺にくぎ付けになる子どもたち。今年の春もモゾモゾと

動くダンゴムシを発見していました。

　最初は個々で探していましたが、友だちとのダンゴムシの話が共通の話題になり一緒に探しだしていました。中には見つけたダンゴムシを手の平に乗せて、ダンゴムシが動く様子に興味津々の子どももいて、真剣な表情で上から横からとじっくり観察していました。ダンゴムシに慣れてくると、段々触れる子どもも増えてきて、手の平に乗せては見せ合いっこしたり、大きさ比べをする姿も見られました。

＜場面2　ダンゴムシは面白いね　（3歳4月下旬）＞

　ダンゴムシに興味をもち始めると、ダンゴムシの写真や絵本、図鑑、ポスターなどを子どもの手の届くところや見やすい場所に用意しておきました。早速図鑑を見て、足がたくさんあることや赤ちゃんが生まれるということにも興味をもっていました。図鑑と見比べたりしながら、本物のダンゴムシをひっくり返してお腹を調べたり、足がたくさんあることを確認していました。

＜場面3　ダンゴムシを飼ってみよう　（3歳5月中旬）＞

　ダンゴムシに興味をもち始めたので、飼育ケースを用意しておくと、その中に入れはじめました。みんなでダンゴムシを育てよう、という

ことになり、「ダンゴムシはどんな所にいるのかな?」「土がいるなぁ」「ダンゴムシって葉っぱ食べるねんて」「隠れるための石もいるねんて」と調べ合った内容を友だちと話し合いながら必要な物を手分けして集めていました。隠れるための石探しでは、園庭の隅から小石を見つけてきては、ダンゴムシの大きさと比べたりしてダンゴムシの大きさに合う石探しをしていました。飼育ケースでダンゴムシの住みやすい環境を作り始めると、今までカップにダンゴムシを入れていた子どもたちも、カップの中に同じように落ち葉や砂を入れたり、子どもなりに住みやすい環境を作るようになってきました。

<場面4　やまもも食べたよ!!　(3歳6月下旬)>

　園庭に落ちているやまももの実を見つけ「ダンゴムシやまもも食べるのかなぁ」と疑問に思い「やまもも置いてみたい」ということになりました。次の日飼育ケースをのぞいてみるとやまももにダンゴムシが集まり、食べた跡があるのを見つけました。
「うわぁ〜!! ダンゴムシやまもも食べたぁ
〜!」とみんなで喜び合い「じゃあ、ほかの
物は食べるんかな?」と、オリーブの実や花
びらなど園庭にある落ち葉以外の物も集めて
いました。

<場面5　ツルツルして歩けないなぁ　(3歳7月上旬)>

　飼育ケースに小枝を入れて見ているとダンゴムシが小枝に登ってきました。子どもたちは小枝の横や下を歩くダンゴムシを興味津々の表

情でじっくり見ていました。小枝の端までくると「落ちちゃう」とハラハラして見ていましたが、落ちずに上手にくるりと向きを変えてまた歩き出しました。園庭でも小枝にダンゴムシを乗せて観察していました。「鉄棒に乗せたら歩くのかな？」と疑問に思い、小枝から鉄棒へと這わせて歩かせようとしましたが、ツルツルと滑ってすぐに落ちてしまいました。「あれ？何でやろう？」と何度も試し、落ちていくダンゴムシを見て「このダンゴムシは大きいから重いのかな」次には小さめのダンゴムシを探して再びチャレンジ。それでも滑って歩けないダンゴムシを見て不思議そうにしていました。

3　保育のポイントを生かした環境・教材教具づくり

　事例のように、子どもたちは集めたものをカップ類に入れるので、プリンカップ、牛乳パック等で作った入れ物などがあるとよいです。また、飼いたい（育てたい）という声が生まれてくると、飼育ケースを用意するとよいです。そのうちに「お家作ってあげたい」という声が生まれてくるころに、図鑑や絵本などを一緒に見たり、年長児に教えてもらいながら、土や葉っぱ・石ころなどが必要なことを知ったり、気づいたりしながら少しずつ飼育するのに必要な環境を子どもたちと整えていくとよいです。子どもたちのやってみたいという気持ちに寄り添い少し先を予測しながら環境を用意していくことも心がけています。飼育ケースの近くに図鑑や絵本を用意したり、写真やイラストの掲示物を準備するなどの工夫をするのもよいでしょう。

7 自然との関わり・生命尊重

生き物を育てたい気持ちが芽生える 4歳児

社会福祉法人ゆずり葉会深井こども園教諭●佐々木未央

1 「自然との関わり・生命尊重」にかかわる4歳児の保育のポイント

　4歳児になると、その生き物の生態や生活に寄り添ってきちんと育てたいという気持ちが育ってくるようです。ダンゴムシやアオムシ、カタツムリなどの虫や、ザリガニ、オタマジャクシなどの生き物などを飼育すると「何を食べるんだろう？」という疑問が必ず生まれ、知っていることなどを子ども同士でやり取りする様子が見られます。図鑑や絵本を自分たちで調べ、年長児や家庭の人から得た情報を実際に育てていく中で確かめる様子もよく見られます。また、飼育ケースに「○○を入れた方がいいかな？」など見つけた環境により近い環境が必要だと感じ準備しようと考える子どもの姿もあります。このように子どもの興味や疑問を保育者が受け止め、保育者が正解を教えるのではなく、子どもと一緒に考えながら、いろいろ実践し試してみる中で、「やっぱりそうなった！」とその生き物の生態や生活をより深く知ったり感じたりしていく姿が見られます。

2 「自然との関わり・生命尊重」にかかわる4歳児の保育の具体

＜「カタツムリって不思議がたくさん！」（6月下旬）＞
　準備物：季節の本、カタツムリ図鑑
　6月のある日、あじさいの葉っぱにカタツムリがいることを絵本で読んだことに興味をもった子どもたち。小雨の中合羽を着て園庭でのカタツムリ探しに出かけました。なかなか見つからず、あきらめかけ

た頃、ある子の「カタツムリ見つけた！」の声に子どもたちは大歓声
をあげていました。半信半疑で子どもの手の平を見ると5mmくらいの
小さなカタツムリが一匹いました。「小さいから逃がしてあげようか？」
と言ってみましたが、子どもたちは「大事にするから飼いたい！」と
の思いが強かったため、小さなカタツムリの飼育を始めました。

ちいさいなぁ！
いしみたいや！

<「カタツムリって何食べるん？」（6月下旬)＞
準備物：虫メガネ、図鑑

　「カタツムリって何を食べるんやろ？」「どんな場所が好きかな？」
と飼育を通して子どもたちの中で疑問が生まれてきました。「きゅう
り食べるんやって！」「あじさいの葉っぱのとこにあったからあじさ
いの葉っぱすきなんちゃう？」と自分が思う意見を友だちに伝え会話
が広がっていました。

　別の日も雨の日の園庭散策を続ける中で「初
めに見つけたカタツムリの友だちを見つけてあ
げたい」という思いからカタツムリを探し、飼
育しているカタツムリはいつのまにか10匹ほ
どになっていました。

<「うんちの色は何色？」（7月上旬)＞
　ある日、飼育ケースの中のティッシュについている小さな点に気づ
いた子たちが、「この点何かな？」「小さすぎて見えないね」と虫メガ
ネを使って観察を続けました。飼育を続けていると「あ！　緑色のう
んちしてる！」「きゅうり食べたからや！」「食べ物食べてきっと体も

おおきく
なるかな？

大きくなったんや！」と、カタツムリにきゅうりをあげると、とても
小さな緑色のうんちをしていることに気がつき、少しずつ大きくなる
様子にも気づき始めていました。うんちが目に見えるようになり食べ
物を食べると体も大きくなっているのではないかと考えていました。

　カタツムリの話を家庭でもしている子どもが多く、子どもと話をし
ている保護者も多くなりました。カタツムリのエサ（人参やきゅうり、
卵の殻）を家庭から持ってきてくれる機会も増えました。

　「つぎは人参あげてみよう！」「オレンジのうんちになるかな？」「卵
の殻はカタツムリの殻を固くしてくれるんだって！」と人参や卵の殻
も食べることを知り、家から持ってきた子どもがいました。何日かす
ると「やっぱりオレンジのうんちしてる！」

うわ！
オレンジ!!

　「人参食べたからオレンジやねんな！」と実際にエサをあげてみて、
予想と同じ結果になったことを喜んでいました。

＜「カタツムリの好きな場所」（7月上旬）＞
準備物：霧吹き
　カタツムリは雨が好きだからと霧吹きで毎日水をあげていると、カ
タツムリが飼育ケースから見えなくなりました。「逃げたのかな？」
「どこいったのかな？」と不安になっていました。いつものように掃

除をすると、前日あげたきゅうりの中にたくさんカタツムリが入っていました。「なんでここにいるの？」「きゅうり食べてたんかな？」「きゅうりのなかじめじめしてるんきもちいいんかな？」と子どもたちが会話を繰り広げていました。

こんなところに

　ここ数年園庭でカタツムリを見たことがなかったので、生息していることが保育者も不思議でした。5㎜程度の小さなカタツムリを見つけ、目を凝らしながら毎日観察することでカタツムリのさまざまな不思議なことや疑問に出会い、好奇心を膨らませ探求心を深めていく姿がありました。その姿を見た時に、小動物の飼育を通した活動は、「子ども同士の会話の広がりやかかわり」「想像力などの成長」につながることを確信しました。

3　保育のポイントを生かした環境・教材教具づくり

　保育室にはいつでも見られるようにいろいろな絵本や、虫や生き物、自然や宇宙などの図鑑などを置いています。子どもたちは自分で見つけた虫など、ときどき図鑑で探したりしますが、実際に育てたり、子どもたちにとって未知な虫などに出会うと興味津々でよく調べます。子どもが興味をもっている生き物などの科学絵本（写真絵本）なども用意することで、実際に体験していることと結びつきます。

　自分で考えたことを子どもたちが伝えられるように「今日不思議なことあったかな？」「今日はどんな楽しいことがあったかな？」と話すことができる機会や場も用意することが大切だと思います。そのことを通して「こうしてみよう」という意見が出たり、新たな保育展開が生まれ、活動が広がり、深まるようになっていきます。

7 自然との関わり・生命尊重

植物の成長を感じたり気づいたりする5歳児

社会福祉法人ゆずり葉会深井こども園教諭●**森元友香**

1 「自然との関わり・生命尊重」にかかわる5歳児の保育のポイント

　野菜などを自分たちで栽培し、収穫して食べる機会をもつことは多くの園でされていると思います。種や苗から数か月余りでどんどん生長していく過程の中で、子どもたちはいろいろなことを感じたり気づいたりしていきます。自分で育てているからこそ生まれる愛着だけでなく、どんどん生長していく不思議さを感じたり、葉や茎、花や実など形や色や大きさなどさまざまな気づきが生まれ、「○○したい」という思いも生まれてきます。野菜などを育てる経験や体験を通して、子どもたちが感じたり気づいたことを伝え合ったり、みんなと知恵を出し合いながら、自分たちなりの考えを試し、夢中となって一つのことを追求していけるように、子どもたちの声に耳を傾けることを大切にしていきました。

2 「自然との関わり・生命尊重」にかかわる5歳児の保育の具体

　この事例は自分たちで収穫したきゅうりを切ってみたら、"種がある"ことに気づいた子どもたちが"種から育ててみたい"という思いを実現させ、さらに"年中児へ引き継ぎたい"という思いが生まれていった事例です。

(1) 「育てた野菜の種から野菜を育てよう」（5月下旬）

　みんなで育てたきゅうりとトマトを収穫。包丁で切り、縦と横の方

向から野菜の断面を見てみると、「模様がちがう」「種の数が変わった！」と違いに気づきました。また、トマトの"種"は、はっきりとわかる子どもが多

かったですが、きゅうりは種と気づかず"模様"という声が出ました。しかし、「種やで！」「そんな形してるもん」と友だち同士で声を掛け合ったり、野菜の断面を描いた絵本を見つけたり、「ほら、やっぱりこれは種やで！」と口々に話していました。日頃食べているトマトやきゅうりの中に、種があることが不思議に感じたり、野菜の形や大きさによって違うことに驚いたりしていました。

(2) 「きゅうりの種を植えてみよう」（7月初旬）

　収穫して食べたきゅうりに種が入っていることに気づき、「きゅうりを育ててみたい！」と種を取り出し、その種を植えることにしました。植える前にきゅうりの種を乾燥させていると少しずつ色が変化してきました。「もう植えてもいいかな？」「もう少し待った方がいいよ」と子どもたちの声があり、そこで植えるものと、植えずに観察をする種に分けることにしました。「そうっと置いてあげよう」「芽、出てくるかな」と自分たちで集めた種に期待も高まり、また、お米のモミを水に浸けていたという経験を思い出し、残った種には水を入れて水栽培として観察することにしました。

(3) 「種も変身するよ」（6月下旬）

　植えたきゅうりの種から芽がなぜ出てこないか話し合いをしまし

た。すると、「種が小さいから芽が出ない」という意見が出てきました。なぜ種が小さいのかを尋ねてみると、「きゅうりが小さいから種も小さい」「前は春に植えたから、もう遅いと思う」「きゅうりを大きくしたらいいと思う」と意見があがり、種が大きくなるように、きゅうりを収穫せずに大きくなるまで観察することにした。

　30cm程大きく成長したきゅうりを見て「種も本当に大きくなっているかな」「でも（種の大きさ）変わってないかもしれない」と中身がどうなっているか楽しみにしていました。早速切って中身を見ると「すごい！ 種も大きくなって、並んでる！」「種の周りが柔らかくなってる」「すごーい！」「こんなきゅうり初めて見た！」と驚く声がありました。種を一粒一粒丁寧に取り出していくと、「種が硬くなってる」「すいかの種にも、こんな白い種入ってる」と、知っている種に見立てて話をする姿もありました。

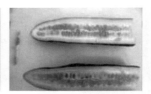

（4）「どうして芽が出ないの？　種博士登場！」（8月下旬）

　種を水に浸けて3週間が経過してもなかなか種から芽が出てこないことから、「なんで僕たちの種からは育たないの？」という疑問が生まれました。「お店に売っている種と、みんなで収穫したきゅうりの種と何が違うのかな？」と問い掛けてみると「水の浸け方が違う」「大きさが違う」「僕たちの種の周りには菌がついてるから」「大きくなりすぎて種の中が腐ってしまってる」とさまざまな意見が出てきました。家庭でも調べてくる子どもたちがいましたが、確信に至らない様子で、園の隣にあるJAの方から種に詳しい方がいるということを聞き、来園していただくことになりました。

　種博士に「どうして芽が出ないの？」という質問をすると、種の取り方について"種を洗い、まわりの滑りを取り除く""水に浸けて沈んだものを選ぶ""水分を吸う素材の上で2週間乾燥させる"などポイントとなることを教えてもらいました。「種取ったとき、ヌルヌルしてたけど、洗わなかった！」「カップで干してしまった」など種取りをした時のことを思い出し、「だから出ないんや」「もう一回やってみよう」と再挑戦することになりました。しかし、「きゅうりは寒さに弱い」という種博士の話を聞き「じゃあ今からやったら遅いなぁ」「次の夏はみんな小学校に行ってる」など口々に話していると、"種の保管"の方法を教えてもらい、「じゃあ次のらいおん組に種を残そう！」という思いに変化しました。

　種博士から聞いた方法で瓶の中へ種を保管しました。「涼しい所がいいで」「暗いところって言っていたよ」と教えてもらったことを思い出しながら保管場所を探していました。また、「僕たちが一年生になるときに渡そうな！」と新たな楽しみも生まれていました。

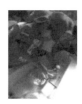

3　保育のポイントを生かした環境・教材教具づくり

　子どもたちが知りたいと思っている時に、子どもたちの手の届く所に図鑑など置いたり、自分たちで考えたことを実践できる環境を用意したりすることを心掛け、自分たちで「そうなんだ！」「じゃあ、次はこうしてみよう！」と心動く経験を大切にしています。また、保護者に聞いてきた情報を伝え合う機会をもつことや保護者に知らせていくことを大切にし、さらに地域の「種博士」と交流することで、園内でのやり取りにさらに興味が高まるようにしています。

8　数量・図形、文字等への関心・感覚

「数量・図形、文字等への関心・感覚」にかかわる発達と保育

鳴門教育大学大学院教授●佐々木　晃

身近な環境を通して育つ数量・文字などへの関心や感覚

　園内を見渡してみると、幼児の周りは文化的な環境があふれています。いろいろな掲示物や表示、絵本や図鑑、手紙やお知らせ、カルタやトランプなどの遊具、ポスターや歌詞などなど、文字や数字などの意味のある記号が自然と目に入ってきます。名札やロッカー、靴箱、当番表などには自分の名前や出席番号も記されています。

　幼児期は、幼児が身近な環境の中で、数や量、文字などに接しながら、次第にそれらに馴染んでいくことや、自ら興味や関心をもち、それらを日常生活で使いながら、その意味や有用性に気づいていくことが大切です。幼児が知りたい、書きたい、読んでみたい、いろいろと使ってみたいと意欲を示すような援助や環境の構成について考えていきましょう。

数と量

　「数量」は、ものごとをとらえる方法としてどちらも重要です。私たちは、よく「数量」とくっつけた形で呼んでいますが、数と量は、異なる概念です。簡単に言うと、数は、１つ２つと数えられるものを抽象化した概念です。たとえば「リンゴが３個」、「子どもが３人」と言っているときの「３」が数です。一方、量とは、１つ２つと数えることはできませんが、長さとか、かさ（体積）とか重さを備えていて、大小・多少・長短・高低・重軽などの比較が可能なものを抽象化した概念です。

　幼児の様子を見ていると、おやつのホットケーキが大きい・小さいとか、多い・少ないとか、背が高い・低いなど、具体的なものを扱った量についての興味や関心は早くから芽生えていることがわかります。一方、数や数字という抽象的な概念への関心は、具体的な対象とかかわりながら数えたり、比べたり、入れ替えたり、積み替えたりする等の操作の繰り返しの中で、身体を通して数や量の感覚が芽生えていきます。

文　字

　漢字のような表意文字や、音だけに関連づける表音文字などがありますが、基本的に文字とは、音と意味が結合して特定の言語を表す記号です。私たち人類が言葉を書きとどめたり読み取ったりするためにつくってきたもので、点や線の組合せで記号化されています。先に取り上げた数字と同じように抽象的です。

　「環境を通して行う教育」を実践する私たちが大切にしたいことは、幼児が遊びや生活の中で、生活の中にある文字の意味や便利さなどに触れながら、いかに文字への興味や関心を育てていくのかということです。そのためには、幼児が文字を使う中で、人に何かを伝えることや、人と人がつながり合うために文字が存在していることを自然に感じ取り、文字に対する興味や関心、感覚などが育まれていく環境の構成や援助が必要です。

8　数量・図形、文字等への関心・感覚

数の性質や意味に気づいていく3歳児

鳴門教育大学大学院教授●佐々木　晃

1　数えることから学ぶ「数のルール」

　幼児が一番はじめに数や量に関心をもつのは、ものを数え上げることからでしょう。大人をまねて数を数える姿は早くから見られます。ところが、3歳児の場合、「1、2、3、4」と数えた後、大人に「何個あった？」と尋ねられると、もう一度数え直したりする、かわいい姿をよく見かけます。

　3歳児たちは体験の中で次第に数のルールを身につけていきます。まずは、「1、2、3……」と対象を指さしながら数える1対1対応の原理です。とばしたり、2度数えたりしてはいけないことを知ります。また、「1、2、3……」と、数え方は常に同じ順で、「1、3、2、5……」とはしない、安定した順序の原理も大切なルールです。4歳児に近づくにつれ、「1、2、3」最後に数えあげたもの、つまり3個がその集合の大きさをあらわす基数性の原理なども身につけていきます。

　私たち保育者はものを数える場合、「1、2、3。3個」とか「3人」とか数詞をつけて、丁寧に言葉を遣うことが大切です。たとえばそれは「3個」という集合を表しているのか、「3番目」という順序を表しているのかという数の性質や意味についてその言葉が遣われる状況やニュアンスから学んでいきます。

　また、「ひとつ、ふたつ、みっつ……」という数え方もありますね。これは漢字「一、二、三……」の訓読みですが、同時に集合の大きさも表しています。たとえば、「お年は？」「みっつ、三歳です」とか、

お店屋さんごっこで、「おリンゴをふたつください」などと使います。「みっつ」や「ふたつ」などという言葉を人とやり取りする中で、「自分が3歳であること」や「自分とお母さんが食べるから、リンゴがふたつ必要なこと」など、3歳児たちはいろいろな状況で遣われる言葉から、言葉が示す内容を理解し、かつ、思いや考えを言葉で表していきます。このような人とのやり取りは言葉の意味や概念を形成していく上でも大切です。

　ですから、3歳児「おリンゴをふたつください」、保育者「はい。ひとつ、ふたつ、あわせて、200円です」とか「すみません。ひとつしかありません。なかよく、半分こして、お母さんとたべていただけますか？」など、やり取りを工夫しながら対応することも大切です。3歳児は保育者の言葉に敏感に反応しながら、場や状況に合った言葉の遣い方を知り、自分でも遣ってみようとします。このような相互作用の中で、幼児の数や量の感覚や言語感覚は磨かれていきます。

2　お手伝いの中で、「配る、分ける」

　園生活に慣れ、自分のことが自分でできるようになると、3歳児たちは、保育者のお手伝いをしたがります。1対1対応させながらお手紙を友だちに配ったり、机にいすを2脚ずつ入れて整えたりしながら、「すきっと」できると喜びます。保育者に「すごいね。よくできたね」などと褒められると俄然やる気が出てきます。玩具のケーキなどを「仲良く、半分こ」で「同じ」ように分けることもできるようになります。と、同時に「多い・少ない」「大きい・小さい」などの量を比べる言葉もよく遣われるようになります。自我が発達してきて、自分の存在をアピールしたり、友だちと比べたり競ったりすることが増えてくる3歳時期に、あたたかくて公平な保育者に見守られながら、このような体験をすることはとても意味のあることです。

3 文字へのあこがれ

　最初、幼児にとっての文字は模様に近いものかもしれません。次の
エピソードはそのことを示唆しています。

＜エピソード＞

　３歳児のつぐみは鉛筆を握ると、ぐるぐるっと複雑にもつれた毛糸のよ
うな線を描き、縦のまっすぐな線を２本、それを串ざすようにおろしまし
た。そして、「先生、これ、なんて書いたか読める？」と得意そうに言い
ます。ううん……と首を傾げている保育者に、「むつかしいでしょ。だって、

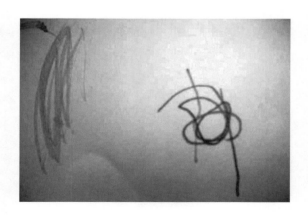

これ漢字なんだもの」とうれしそうに話します。

　このエピソードからは、文字が読めるようになること書けるようになることへのあこがれや、自分の成長についての実感がかかわっていることがわかります。

4　繰り返し読んでもらう絵本から語句の意味を感じる

　3歳児も秋くらいになると、親しみのあるページをめくりながらすらすらと絵本を読んでいる姿が見られます。中には保育者の口調そっくりに、友だちに読んであげている幼児もいます。読み手の保育者の先回りをして物語る幼児もよくいます。お気に入りの絵本を何度も何度も繰り返して読んでもらううちに物語の言葉を暗記しているのです。

　幼児たちは語りながら絵本に書かれている文字を見て、その語句の意味を感じ取っていきます。たとえば、絵を手かがりにしながら、「いえをたてる」という語句の意味を知り、それを文字と対応させていきます。身近な大人が聴かせる豊かな語りを十分に聴き取る体験を重ねることや、文字を意味をなすものとして受け取ることが、今後、文字の組み合わせがつくり出す意味の世界に関心を寄せていく上で大切な体験となっていくと思われます。

　そこで、幼児がお気に入りの絵本に出会える環境、それを繰り返し存分に読んであげられる環境づくりが大切です。絵本は単なる文字を覚えさせる手段ではなく、絵本の楽しさが言葉や文字のつくり出す世界の楽しみへ誘っていけるようにと願っています。

8　数量・図形、文字等への関心・感覚

「自己中心的な思考」が芽生える4歳児

鳴門教育大学大学院教授●佐々木　晃

1　身近な環境の中にある、自分に関係する文字

　自己を中心に据えた視点から外界に働きかけたり、自分なりに理解しようとする幼児期の思考の特徴を「自己中心的な思考」と言います。自分をすべての中心に位置づけて、猛烈な勢いで吸収していく求心的なその学び方が、私は大好きで、いとおしいです。大人の「自分勝手」やいわゆる「自己チュー」とは明らかに異なります。

　4歳児、5月下旬、新しい担任やクラスでの生活にも慣れ始め、仲間たちとのコミュニケーションもとれるようになってきました。また、気の合った友だちもできはじめました。

　園の環境をみると、靴箱やロッカー、コップかけなど、さまざまなところに、幼児が自分のものと識別できるよう、シールなどのマークや名前などがつけられています。家庭でも保護者は比較的早い時期から自分の名前を教えることが多いようですし、「このぼく・このわたし」という自我の発達との関係からも名前の文字に注目する意味はあるようです。「先生、○○くん、もう園にきてる？」と、何度もたずねにくる幼児を誘って靴箱をのぞきに行きます。「ええっと、『へんみ○○くん』は……ここね」と指さす保育者に、「あっ、これ、ぼくのと同じ『か』だ」と興奮したように言います。「これも『か』だ」「これは『かどたくん』のところね」仲良くなった友だちと同じ文字があることがうれしかったり、自分と同じ文字がある名前の人と親近感が感じられたりしていきます。

2 頭字遊びからはじまった、いろいろな言葉遊び

　降園前の話し合いのひととき、今朝の、自分と同じ友だちの名前の文字の探しのことを話題にしました。幼児たちの関心はふくらみ、話題は広がります。「かたつむりの『か』もそうだよ」。「かめ」「かぶとむし」など、さまざまなものや動物たちの名前も飛び出してきました。この遊びは、後日、「『か』のつくものなんだ」という頭字遊びとなり、毎日、数名の幼児が代わり合って、自分の名前の中の1字を出題して楽しむようになりました。

　これは音節分解を用いている遊びで、これに文字が加わってくるとカルタのような遊びにもなっていきます。ここでは、名前を表す文字への興味や、自分の名前への親しみや誇り、自分の存在感や友だち一人ひとりへの関心や親しみを大切にしました。

　「一番はじめの字でやったから、今度は一番終わりの字でしようよ」幼児の逆転の発想に私たち保育者はよく感動します。「ごはん」「ぱん」「ふらいぱん」「きりん」、何度も自分の中で最後に「ん」のつくものの名前を反芻して話します。「『はんこ』あっ、ちがった『こ』だった」一つひとつの音の位置を確かめながら挑戦しますが、これは多くの4歳児たちには、この時期ちょっと難しい様子でした。しかしながら、いろいろな名前がどのような音の配置で構成されているかについて関心が向けられていたことはよくわかります。

　このような言葉遊びは、しりとり遊びへと発展していきます。「きつね」「ねねね……ねこ」「こここ……ことり」と最初と最後の両方の音をとっていかなければならないものですが、「ちゅうしゃ」などのような特殊音節の場合、難しいところがあります。「しゃしゃしゃ……しゃちょう」と音韻的にとる4歳のこの時期の遊び方と、「しゃ、しゃ、ややや……やま」と、拗音の「しゃ」が「し」と「や」で書かれているということを覚えていて文字的にとらえようとする、後の5歳時期の遊び方の違いでは、あきらかに、かな字が読めるようになる

につれて文字的に言葉をとらえようとする傾向があることがわかります。この問題については詳述する余裕がありませんが、このような音韻的な言葉のとらえや使い方の体験が豊かになされて文字的なものへとつながっていく中で「拍」（モーラ）といった日本語のリズム（たとえば、俳句で用いるような）の基礎が培われていくと考え、4歳時期のこのような音韻的な遊び方の特徴を大切にしています。

3 意味やメッセージを伝える

「先生、にんぎょうげきの『ぎょ』ってどう書くの」。いよいよ活動範囲の広がってきた4歳児たちは、より多くの人たちを自分たちの人形劇に集めようとしてポスターや張り紙などをつくっています。「ありがとう、せんせい。わかったわ」。保育者の書いた文字をまねて書いています。周りの幼児たちも、その文字の形や大きさなどの特徴を伝えていきます。そして、「どこで、しますっていうこと書いた？」「いつしますは？」など話し合いながら進めます。文字や絵が人に伝えるときに役に立つことや、どんな情報を記すと自分たちの願いが叶うのか、どんな大きさや色で表現するとより伝わるのかなど、さまざまな失敗や成功の体験が新たな工夫を生んでいきます。保育者は幼児たちが何を誰に、どう伝えたいのかという思いや考えを理解しながら、それにあった方法を一緒に探していきます。

4 身体ごと、数で遊ぶ —猛獣狩りに行こう♪

身体を使ったシンギングゲームの中にも、数を意識しながら遊ぶものはたくさんあります。ここで紹介するのは、「猛獣狩りに行こう♪」です。動物の名前を構成する音節の数を素早く理解し、同時にその数に応じた仲間づくりをするという、アクティブな遊びです。

リーダー（複数可）は、ほかの幼児たちに向かい合う格好で、膝を太鼓に見立てて元気よく叩きながら、歌います。ほかの幼児は、リーダーをまねていきます。最初は、保育者がリーダーになって遊ぶと、

子どもたちにわかりやすいです。このとき、「ゴ　リ　ラ」と音節をはっきり区切って発音したり、たとえば、「コモドオオトカゲ」（8文字）のようにすごく長い名前を言ったりする例示も、子どもたちの興味をそそります。

リーダー「ドンドコドーン　ドンドコドーン　ドンドコドーン　ドンドコ
　　　　　ドーン　ドン　オーッ」〈オーッと右手を突き上げて威勢よく〉
幼児たち「ドンドコドーン　ドンドコドーン　ドンドコドーン　ドンドコ
　　　　　ドーン　ドン　オーッ」
リーダー「猛獣狩りに行こうよ」〈手をくちにあてて叫びかけるように〉
幼児たち「猛獣狩りに行こうよ」
リーダー「猛獣なんて、怖くない」
　　　　　〈顔の前で片手を振って怖くない表現をする〉
幼児たち「猛獣なんて、怖くない」
リーダー「だーって、鉄砲もってるもん」
　　　　　〈指を構えて鉄砲のポーズをとる〉
幼児たち「だーって、鉄砲もってるもん」
リーダー「槍だって、もってるもん」〈右手で槍を掲げるポーズをとる〉
幼児たち「槍だって、もってるもん」
リーダー「あっ　あっ　あああああ」〈指を指して、その場で回りながら、
　　　　　動物の名前を考える。幼児たちも同時にまねた動きをして回り
　　　　　ながら、リーダーの言葉を待つ〉
リーダー「ア　フ　リ　カ　ゾ　ウ」（「ゴリラ」）
　　　　　幼児たちの中にリーダーも入って、6人（「ゴリラ」なら3人）
　　　　　のグループをつくる。一番早く、正確に、その動物の名前の音
　　　　　節の数のグループができると、その人たちが次のリーダーになれ
　　　　　る。繰り返し。

　子どもたちは、自分たちが早くグループをつくれるように考えますから、次第に「ゴリラ」の次は「アフリカゾウ」にすると、2グループが合わさるだけでよい、など、倍数や約数を意識し始めるのも面白い知的試行錯誤ですね。

8 数量・図形、文字等への関心・感覚

数と量の概念を使って「文脈のある」遊びに向かう5歳児

鳴門教育大学大学院教授●佐々木 晃

1 数と量の概念をつかう遊び —すごろく—

　園での遊びを見てみると、数のルールを知ったり、守ったり、使ったりするものがたくさんあることに気づくことでしょう。たとえば、「すごろく」などは、サイコロの目の数だけ、コマを進めていく、数と量の概念をつかうお正月遊びの定番です。幼児期に特有の学びは具体的で文脈のある遊びの中で、しかも幼児がそのときに必要だと感じる中で育まれていきます。

【遊び方】　いろいろな作り方や遊び方がありますが、ここでは入門編と応用編を紹介します。

●入門編

　大きな紙に、「スタート」・「ふりだし」と「ゴール」・「あがり」を描きます。その間にコマを進めていく区画を描き入れていきます。このとき、プリンなどの空き容器などを使って形をとると早く綺麗に描けていきます。つぎに、区画を線で順につなげながら、「ゴール」・「あがり」まで至るようにします。

●応用編

　数を扱うことの面白さを考えるなら、途中、「○こ、先に進む（戻る）」や「1回休み（もう一回できる）」「ふりだしにもどる」などの区画をつくるのもよいでしょう。遊びはより緊張感のある楽しいものになります。「次に出た目の2倍進む」などの倍数のトリックを入れたり、「好きな道に進む」として区画数や難度の異なるコースをつくるのも面白いでしょう。特に、見た目の区画の多さと本当の多さを、直感で判断

したり、実際に数えて判断したりして比べる体験は貴重です。また、かなり難度の高い遊び方ですが、2つのさいころを使い、出た目の数を足して進むというのも5歳児たちの知的好奇心をくすぐります。これは、「『1、2、3、4、5』全部あせて5つ」という、「集合数」の性質を理解することで楽しめる遊び方です。

2　文字を連ねてつくる書き言葉の世界　―カルタ―

　もちろん、幼児期に大切なのは、話し言葉の世界を豊かにすることですが、これが肥沃な土壌となってこそ、書き言葉（文字）の力が育っていくことを忘れてはなりません。「文字が読める・書ける」ようになりたいという成長への憧れは、次第に幼児たちを書き言葉の世界へと誘っていきます。

　カルタづくりの活動の中では、簡単な文字を書くことはもちろん、文字を連ねてつくる書き言葉の世界の入り口が体験できます。ここでも、カルタづくりに至る言葉遊びの入門編、カルタの応用編について紹介します。

●カルタづくりの応用編

　何度か、既成のカルタで遊ぶ体験があると、幼児たちのカルタの仕組みや遊び方のイメージがもてます。さて、カルタには読み札と取り札があります。幼児たちにわかりやすいように、絵札と字札と呼ぶこともありますが、とにかく、この2種類の札をつくります。先に紹介

した、「頭字遊び」の応用でつくります。各自が好きな文字のカルタをつくるのも良いですが、慣れてくると、ひらがな50音を、「私は『あ』と『か』と『さ』ね」「ぼくは『い』と『し』と……」など、分担し合ってつくるのも楽しいでしょう。50音図などもあると参考になります。

　あまり文字の正確さや書き順の指導にこだわってしまうと「書写」の時間になってしまいがちなので考えものです。それぞれの園や幼児、保護者たちの実態も異なりますので、一度、最寄りの小学校低学年の先生たちとも話し合うとよいでしょう。これがきっかけとなって、保育所や幼稚園と小学校の連携教育がスムーズにいったり、「見通しをもちつつ幼児期に大切な意欲を育ててくれているんだ」と、保護者たちの信頼や安心を得ることにもつながります。

　また、少し難度が高くなりますが、読み札に5文字、7文字、5文字の枠をつくり、書き込むようにすれば、五七調のリズムの表現も容易になってきます。

3　協働的な遊びの広がり

＜ひらがな探検隊＞

　5歳児ともなれば、ものの名前をはじめとして、いろいろな言葉を知っています。それらを仲間分けしたり、整理しながらすすめていくのが、この遊びのポイントです。

　個人で行ったり、チームで競い合うなど形態ややり方はいろいろありますが、ここでは黒板を使ってチームで競い合う形態で説明します。

　まず、黒板に「○○○」とまる印を３つつなげて描いておくとします。

Ｑ．保育者「チームの仲間と相談して、名前が３文字の動物をあげましょう」

Ａ．幼児たち「あひる　ごりら　いるか　……」

という具合にクイズ風に楽しめるようにすると、競い合い、協力し合いながら、自然と文字への関心が促されていくでしょう。幼児たちにすべて任せて、文字を書き入れるということは難しいかもしれませんが、その場合には保育者がサポートすることが大切です。幼児たちは「クイズにどれだけ答えられるか」「どれだけ、ひらめくか」ということに夢中になり、書けないことの劣等感や、少しばかりかけることや知っていることの優越感にひたることなく遊びの中で、学んでいきやすいようです。

＜お話リレー＞

　４、５人のグループで紙芝居を作る遊びです。いきなり、話し合って物語をつくるというのは難しいかもしれません。そこで、まず、子どもたち一人ひとりが好きな絵を描きます（動物や乗り物、食べ物、海の中や宇宙など、テーマを設定してもよいでしょう）。次に描いた絵を合わせて、どんな物語ができるか話し合います。保育者が手伝って、物語を書き留めておくとよいでしょう。最初は二つの絵について考え、次々につなげていくと、お話リレーのイメージがつかめやいすでしょう。「それから」「すると」「とうとう」など、物語の展開に役立つ接続詞などの言葉を意識的に使いながら、子どもたちの語りを引き出すことがポイントです。何度も紙芝居をしながら、よりおもしろい展開になるように順番を考えたり、言葉を練ったりしていくのが楽しいところです。できあがったところで、グループごとの発表会などもしてみましょう。

9 言葉による伝え合い

「言葉による伝え合い」にかかわる 発達と保育

玉川大学教授・学校法人田澤学園東一の江幼稚園園長●**田澤里喜**

受容的・応答的なかかわりから受容的・対話的なかかわりへ

「幼児期の終わりまでに育ってほしい姿」の「言葉による伝え合い」の最初に「先生や友だちと心を通わせる中で〜」とあります。これが「言葉による伝え合い」の発達における出発点になります。それは、保育所保育指針の第2章1乳児保育にかかわるねらい及び内容の次の文章にもみることができます。

> イ 身近な人と気持ちが通じ合う
> 受容的・応答的な関わりの下で、何かを伝えようとする意欲や身近な大人との信頼関係を育て、人と関わる力の基盤を培う。

まだ言葉をもたない赤ちゃんの頃から、しようとしていること、伝えようとしていることを身近な大人が受け止め、応答し……ということを生活の中で繰り返すことで、安心感や生活に対する意欲などが育まれていくのです。そして、これらが土台となり、言葉を話すようになってからは身近な大人だけでなく友だちともかかわろうとする気持ちをもてるようになってくるのでしょう。

受容的なかかわりは乳児期だけに必要なわけではなく、幼児期やその後の生活において欠かすことのできないかかわりです。受け止められた安心感があるからこそ、伝えようとする思いがもてるのです。ですから、受容的・応答的なかかわりが乳児期に大切であるならば、言葉を獲得しはじめる幼児期は受容的・対話的なかかわりへ徐々に移行していくことが大切な

ことになるでしょう。

絵本や物語などに親しみながら……

　絵本や物語を子どもの発達でとらえたとき、文字数の少ないものから、やがて多いものへと量的な部分に注目し、これを絵本を選ぶときのひとつの基準にしている保育者は多いと思います。同じく物語の内容の難易度もその基準のひとつになるでしょう。

　しかし、この基準だけで選ばれた絵本や物語に子どもたちは本当に親しむことができるのでしょうか。幼児期、特に「幼児期の終わり」頃には、文量の多少や難易度にかかわらず、さまざまな絵本や物語にふれてほしいものです。シンプルだからこそ、自分なりに考えたり、対話をしたりすることが容易になるかもしれません。一方、何日もかけてひとつの話を夢中になって聞くことも物語世界を充分に味わい、想像力を広げることができるでしょう。

　このような多様な絵本や物語との出会いが子どもたちの内なる世界を広げ、それが保育者や友だちとつながり、言葉による伝え合いを楽しむきっかけのひとつになるのです。

実践に見る「言葉による伝え合い」

　次ページより「言葉による伝え合い」の視点からみた３〜５歳児の実践事例を紹介します。事例には書かれていないところでも保育者の配慮やかかわりはたくさんあります。保育者の指示や命令は少なく、子ども自身が考えたり、工夫したりできる「提案」をすることで子どもたちのイメージはより具体的になり、また気づきやアイデアは豊富になっていくのです。つまり、「伝え合い」の中には、「保育者から」の発信も大切なのです。

9 言葉による伝え合い

言葉を伝え合う意欲が芽生える3歳児

玉川学園幼稚部教諭●伊東麻衣子

1 「言葉による伝え合い」にかかわる3歳児の保育のポイント

3歳児になると、身近な大人との安定した関係を基盤にしながら、好奇心をもって、よりいろいろな物や人に自らかかわるようになります。また、初めての経験や楽しい出来事といった心動かされる体験を通して、興味・関心が広がります。さらに、話し言葉の基礎が培われ、理解できる語彙数も急激に増加していきますから、関心のあることについて「なぜ？」「どうして？」といった質問を繰り返したり、自身が驚いたことや感心したことを言葉で表現したりするようにもなります。その中で、相手が自分の話に楽しく応答してくれることで「もっと話したい」「もっと聞きたい」という意欲や態度が育ち、「言葉による伝え合い」が豊かになっていきます。保育者は、子どもたちが安心して自分の思いを言葉で表現できる雰囲気作りや環境の構成とともに、一人ひとりの子どもと「楽しいね！」「面白いね！」と思いを共有し、共感的に受け止める姿勢をもつことが大切です。

2 「言葉による伝え合い」にかかわる3歳児の保育実践事例

(1) 先生、ラーメンっておいしいよね！

6月のある日、数名の女児と保育者が一緒にピザを作って遊んでいた時のことです。担任の隣に座り、その様子をじっと見ていたA君が保育者に問いかけました。

A君「先生、ラーメン食べたことある？」

保育者「うん、食べたことあるよ？」

A君「昨日ね、食べたの。すっごくおいしかったの！」

保育者「そう、そんなにおいしかったのね。いいなぁ！先生も食べてみた
　　　いなぁ」

　A君は、保育者が「いいなぁ」とうらやましそうに話を聞いてくれたことが嬉しかったようで、身を乗り出すほどに話し続けました。

A君「あとね、あとね！　僕、お子様ラーメンじゃないラーメンを食べたんだよ！ママと同じの！」

保育者「えー！　お腹の中に全部入っちゃったの！　びっくり！」

A君「そう！　すごい？　先生も食べてみたい？」

保育者「うん、食べてみたい！　だって先生もラーメン大好きだもん」

A君「先生もラーメン好きなんだ！　同じだね」

　入園から2か月が過ぎた頃ですが、A君はまだ環境に慣れきれず、保育者の側で周りを観察して過ごすことが多くありました。そんなA君がこれほどまでに生き生きと自分のことを話したのは初めてのことでした。保育者は、降園時にA君のお母さんにこのエピソードを伝えました。すると、お母さんはA君がそれほどまでにラーメンに感激していたこと、そして何よりも園で自分の話を一生懸命に話したことに驚き、大変喜んでいました。

　翌日、A君はいつもより足早に登園し、「今度のお休みの日、またラーメン屋さんにいくことになったんだよ！」と嬉しそうに保育者に話しました。するとお母さんが、「昨日、すごく楽しかったみたいです。家に帰ってもずっとラーメンの話をしていて。「先生もラーメン大好きだから一緒にラーメン屋さんに連れていきたいんだ」って言ってました」。と笑い混じりに話してくれました。A君が張り切って登園したのも初めてのことでしたが、お母さんが家でのエピソードを嬉しそうにお話ししてくれたのも初めてのことでした。

（2）　先生に食べさせてあげる！

　登園するとすぐに遊びの時間です。Ａ君は「先生にラーメン作ってあげるね！」と、クラスにある画用紙や毛糸などさまざまな素材を手に取り、"あのおいしかったラーメン"を作り始めました。

　麺を作るＡ君を見て、「わたしたちも作りたい！」と友だちも加わりました。

出来上がりに大満足

　ラーメンが完成すると、Ａ君は照れた様子で「先生、どうぞ」と差し出します。保育者が「これがＡ君の大好きなラーメンなんだね！　本当に美味しい！　毎日食べたいくらいだよ！」と言うと、「よかったぁ！」と満面の笑みを浮かべて喜びました。そして、「もう一回食べて！」と何度もラーメンを作っては保育者に振る舞ってくれました。Ａ君は、作ったラーメンを「毎日お母さんと先生に食べさせてあげる！」と、家に持ち帰り、そして翌日には誰よりも早く登園して保育者に食べさせてくれました。こうした姿は１学期が終わるまで続きました。

その後、ラーメン屋さんごっこに発展　友だちのアイデアで餃子づくりも

3　実践事例から考える「言葉による伝え合い」

　この実践事例では、Ａ君が「ラーメンがとてもおいしかった！」という感動体験を保育者との言葉での伝え合いによって共有したことで心が満たされ、園生活への期待や安心感につながっていったことがわかります。一見、「昨日食べたラーメンがおいしかった」という何気ないやり取りのようにも思えますが、保育者は、Ａ君にとって心が大きく動いた経験であったことを大事に受け止めて、一つひとつの言葉に対して共感的に応答することを心がけています。そしてＡ君は、「先生も同じだね」や「食べてみたい？」と、保育者と心が通じ合っていくことを喜んでいます。こうしたやり取りを積み重ねていくことで子どもは安心して自分の思いを言葉に表現していくのだと思います。

　また、保護者との対話も重要です。事例の中では、Ａ君の感動経験を保育者と保護者の間でも共有しています。Ａ君の育ちをともに喜び分かち合っていくことで保護者の緊張もほぐれ、家庭での様子を細かに知ることができました。入園して間もない頃は、保育者も手探りでかかわらなければならない状況ですが、日々、保護者との対話を心掛け、家庭と園との間に子どもを中心とした好循環が生まれるよう配慮していくことが大切です。

　最後に、Ａ君の「（作ったラーメンを）毎日お母さんと先生に食べさせてあげる」という言葉にも表れているよう、3歳児は、身近な大人との心地よいかかわりの中で自分の興味・関心を深めていきます。

保育者は、一方的なイメージで言葉をかけていくのではなく、その子の思いに即したかかわりや応答をしていくことが求められます。そして、子どもにとって自分の思いを「伝えたい」存在になることが重要なのだと思います。

9　言葉による伝え合い

話したい気持ちを強くする4歳児

玉川大学教授・学校法人田澤学園東一の江幼稚園園長●**田澤里喜**

学校法人田澤学園東一の江幼稚園教諭●**須田春花**

1　「言葉による伝え合い」にかかわる4歳児の保育のポイント

　4歳児になると、語彙量が増え、言葉もはっきりとしてきます。しかし、「対話的」には少し早く、どちらかと言えば、「自分のことを話したい」という気持ちが強く、「きいて！　きいて！」「ぼくね、ぼくね！」と自分のことを伝えようとする場面が多いです。その一方で友だちとかかわりたい、遊びたいという思いも強くなってきます。この相反するような時期でもあるので、けんかも多くはなりますが、子どもの思いを受け止めること、肯定的に理解しようする保育の基本を大切にしつつ、保育者が子どもたちの伝え合いの橋渡し役になったり、言葉にするには難しい思いを代弁したり、さらに3「環境、教材教具づくり」などを参考に4歳児なりの「言葉による伝え合い」が楽しめるような環境構成をすることが保育のポイントとなります。

2　「言葉による伝え合い」にかかわる4歳児の保育実践事例
　　　―ロボットを作りたい！

　6月のある日、帰りの会で絵本※の読み聞かせをしました。ロボットを作る絵本だったので、次の日に子どもたちがロボットを作るかもしれないと、絵本のロボットを作っている場面をコピーして掲示をしました。

　翌日、それを見た何人かの子どもたちが「ロボットを作ろう！」と廃材で作り始めました。

　絵本では、ロボットの胸にハートを入れると動き始めていたので、折り紙でハートを作り、同じように入れてみますが動きません。子どもたちが考えたところ、「100個入れないと動かないんじゃない？」という意見があり、クラスのみんなに頼むことにしました。

　そしてクラスのみんなに子どもたちが100個のハートを折ってほしいことを伝え、クラスで作りはじめました。わからない子には近くの子どもが教えたり、手伝ったりというかかわりも見られました。

　すると、子どもたちが帰ったあと、ロボットが手紙を残して、保育室からいなくなったのです。それを保育者が動画に撮ってあり、それを見た子どもたちからは「本当だ！」「これ先生がやったんだよね？」「おばけじゃない？」とさまざまな意見が出る中、そして、ロボットをみんなで探しに行ったのです。

　園内を探したところ、5歳児クラスでロボットを発見します。その後も、子どもたちが帰ったあとにロボットはどこかに行ってしまいます。移動中にロボットが壊れてしまうこともあったので、子どもたちはその都度直すようになりました。

　そのなか、ロボットにさらに親しみをもった子どもたちはままごと遊びを一緒にしたり、ロボット専用の車を作ったりするようになりました。

3　実践事例から考える環境・教材づくり

　この実践事例の中では保育者や友だちとの言葉による伝え合いが多く見られました。またそのための環境などの保育者の工夫も見られま

す。保育者が読み聞かせをした絵本の世界により親しめるようにと、そのページを掲示し「見える化」することにより、ロボットを作りたいと子どもたちの興味・関心につながり、それが起点となり、「これ使いたい！」「ど

うやって作ろうか？」「ここはボクがやる！」と、ポイントに書いたような自分がしたいことを伝えつつも共通の思いをもって遊び始めました。

　さらに、ロボットを作っている中で出た疑問（ハートを入れたけど動かないなど）は、自分たちだけでなく、クラス全体に伝えて共有しています。共有をすることで、よりさまざまな発想や意見が出て、伝え合いも広がっていくのです。

　そのなかでより言葉による伝え合いが楽しめるように保育者も工夫しています。実際にロボットを動かしたのは保育者ですが、それを動画で撮影することで、子どもたちはいろいろと考えて、自分なりの意見を伝え、そして友だちの言葉を聞く機会としています。

　そのプロセスの中で、保育者は子どもたちの言葉を受け止め、周りの子どもたちにその意見を伝えたり、代弁したり、時には保育者自身のアイデアを話したりしながら、子ども一人ひとりが自分の思いを安心して伝えられる環境を作っているのです。

※　上野与志・作／末崎茂樹・絵『わんぱくだんのロボットランド』ひさかたチャイルド、1995 年

9 言葉による伝え合い

考えを伝え合う5歳児

白梅学園大学附属白梅幼稚園教諭●**西井宏之**

1 「言葉による伝え合い」にかかわる5歳児の保育のポイント

5歳児年長組になると、言葉でのやり取りが活発になり、遊びの中で自分たちで問題を解決しようとしたり、考えやアイデアを伝え合ったりすることも多くなります。

一方で、自分の思いが先行したり、反対に自分の思いを我慢してしまうこともあります。保育者は子どもたちの思いを受け止めつつ、意見や考えを整理したり、クラスのみんなで考える機会をつくったりしながら、相手の思いを考え、伝え合うことの楽しさに触れられるような場や環境をつくることが大切です。

2 「言葉による伝え合い」にかかわる5歳児の保育実践事例 ―看板作りでの話し合い

園庭に新しく築山と滑り台ができたので、保育者は子どもたちと一緒にルールを決めることを提案しました。子どもたちは話し合いのなかで「看板に文字ではなく、矢印を描き、それを滑り台の上と下につける」というアイデアが出て、早速試してみることにしました。

5人ほどの子どもたちが相談しながら、木材と段ボールで看板を作ることにし、3歳児にも

見えるような高さに設置し、ア
イデアに出たように矢印を描き
ました。

　しかし、その翌日、段ボール
で作った看板だけが落ちていま
した。そして、これを見た子ど
もたちが相談を始めました。

Ｍ君「ガムテープで貼ったからだ
　めなんだよ」

Ｙ君「そしたらさ、もっとテープを貼ればいいんじゃない？」

Ｈちゃん「たくさん貼ったら、矢印が見えなくなっちゃうじゃん」

Ｍ君「トンカチでつけたらいいんだよ」

Ｈちゃん、Ｙ君「あ、それならいいかも」

と、３人で段ボールを角材にくぎを打ち込むことにしました。

　以前は意見がぶつかり合うことが多かったのですが、友だちのアイ
デアを自分なりに理解し、考えている様子がわかります。

　再び看板が完成しましたが、夜に雨が降ったため、翌日、登園する
と、また段ボールの看板が落ちていました。保育者が「なんで取れた
んだろう」と子どもたちに聞いてみると、

Ｓちゃん「屋根をつけた方がよかったんじゃない？」

Ａ君「ビニールをかぶせた方
　がいいよ、屋根つけるの大
　変だし」

Ｍ君「段ボールは濡れるか
　ら、木とかの方がいいん
　じゃない」

Ｓちゃん「あ、そうか、木い
　いね〜。私、これ今日持っ
　てきたんだ！」

と、Sちゃんが持ってきた木の皮で作ることにしました。実際に試し、仲間と相談する過程で、屋外では紙類は向かないことが、相談することでわかってきたようです。

　看板を設置してから2週間、雨や風の影響で看板が不安定になり、一時的に外すことにしました。そして、しばらく後の12月にもう一度クラスで話し合う機会を作りました。

　「最近、（滑り台などの使い方が）危なくないよ」「だから、看板はもういらないと思う」という意見の一方で、「ピンクバッチ（3歳児）さんが忘れると思うよ」という声が数人から上がり、もう一度作り直すことになり、どのようにするのがいいか相談が始まりました。

Sちゃん「もう一回さ、段ボールに描こう」

Hちゃん「濡れちゃうよ」

Sちゃん「だったらビニールにつければいいよ」

M君「でも、そうしたら見えづらくなるよ」

Hちゃん「じゃあ、どうする？」

と、今までの経験も思い出しながら考えていきますが、良い案が浮かびません。すると、Y君が「とりあえず行ってみよう」と保育室から出て、滑り台に行ってみることにしました。しかし、次第に遊び始めてしまう子どももいます。

Hちゃん「だからさM君つれてくるの嫌だったんだ、遊ぶから」

M君「だって、俺、頼まれないとやらないよー」

とイライラしてきたようです。そこで保育者が「最初にみんなに聞いた時に、他にどんな意見があったっけ？」と尋ねました。

Hちゃん「えー、ペンで描くとかだよね」

A君「看板作るもあったよね」

Sちゃん「それは、もうやったじゃん」

Hちゃん「ペンは？　ペンだったらいいんじゃない？」

Sちゃん「でも、濡れたら消えちゃうよ」

と、思いだしながら方法を考えていくと、今まで滑り台を滑っていた

M君が「マジックテープ
でやればいいんじゃな
い？」と言うと、
Sちゃん・担任「マジッ
　クテープ？」
担任「ああ、ビニールテー
　プのこと？」
　M君のビニールテープ
の案は以前に検討されて
いたものだったのです

が、その案に子どもたちは、「いいね〜」と賛同し、『滑る側』『登る
側』に分けてビニールテープを貼り付けることにし、11月から始まっ
た看板作りは一応の完結を迎えました。

3　保育のポイントを生かした環境・教材教具づくり

　言葉で伝え合うことの面白さは、友だちが応答してくれることに
よって自分も影響を受け、新たなアイデアや考え、思いなどが生まれ
ることだと思います。それらが生まれるために本事例では、担任保育
者からの投げかけがきっかけとなる場面があります。生活や遊びの中
で、子どもたちはたくさんの言葉を交わしていますが、その中で保育
者はただみているだけでなく、子どもたちが考えられるようなきっか
けや提案、あるいは考えが煮詰まった時の整理など、子どもたちの姿
を見ながら援助していくことが求められます。そのときに大事にした
いのは子どもたちの考えたことを肯定しようというスタンスです。
　また、日常的にクラスの集まりの場などで、遊びや困ったこと、話
したいことの共有をすることも大切です。日常生活の中で遊んだこと、
思ったこと、聞いて欲しいことなど、一人ひとりの思いを友だちや保
育者に聞いてもらえるような環境があるからこそ、この事例の子ども
たちのような相談や対話が深まっていくのです。

10 豊かな感性と表現

「豊かな感性と表現」にかかわる
発達と保育

國學院大學教授●島田由紀子

取り巻く環境から心動かす出来事などに触れ、感性を働かせる

　幼児は日々の生活のなかで、自分を取り巻く自然や人、事物や事象など身近な環境とかかわりながら、心を動かされる出来事に触れ、感性を働かせています。

　風になびくカーテンの動きに不思議さを感じたり、雨の日の窓ガラスに伝う透明な雫を指でたどりながら美しさを感じたりしています。雨音の間隔や強弱、葉が重なり擦れ合う音の変化に耳を澄まして自然の音を楽しむこともあります。また、園庭で見つけた石や葉、小枝や木の実などを並べたり、砂場で土や砂を型抜きして並べたりすることがあります。幼児はそうした遊びの中で、自然物のもつ形や色の美しさに気づき、心地よいリズムを感じています。

友だちとのかかわりの中で育まれる表現

　幼児はさまざまな素材や道具と向き合う中で、試行錯誤しながら自分なりの表現を獲得していく様子が見られます。幼児自身の思いや考えを、素材の形や色を使い、声や音やリズムを用いて、あるいは身体の動きの変化によって、自分なりに表現していきます。

　1人で始めた表現遊びやクラスでの表現活動であっても、友だちと同じ場所で描いたり作ったり、歌ったり音を出したり、身体で表現したりする中で、考えたことや気づいたことを友だちとの間で伝え合う姿が見られま

す。それは他者との表現の違いに気づく契機にもなります。

　1人で作った紙飛行機の遊びが、友だちとのやり取りの中で飛ぶ距離を競う遊びに発展することもあります。友だちと紙飛行機を2つ3つ作って重ねて飛ばしてみたり、色を塗ったり模様を描いてみたりするなど、1人では思いつかなったアイデアを試みることもあります。友だちとこうした経験を積み重ねることで、自分の思いや考えを表現するための方法を獲得していきます。

教師のかかわりによって育まれる表現

　幼児の表現は、教師のかかわりによっても大きく変容します。教師が幼児の表現を受け止め、その表現について尋ねたり話したりすることで、幼児自身も表現したことへ思いや考えを確認し、自信を深めていきます。

　幼児の表現が膨らむような素材や道具を用意し、表現する環境を整えることも必要です。ごっこ遊び楽しむ幼児に、遊びが広がるように洋服や帽子などが作れるような、身体への装飾として扱いやすい素材を準備しておきます。その場に鏡を置くことでポーズを決めてファッションショーを、表現にあった音楽や楽器、舞台になるような台があれば、コンサート遊びや劇遊びを、観客となった友だちに発表するといった展開もあるでしょう。

　表現したい思いが芽生えたとき、どのような素材がそのときの幼児の思いや表現にふさわしいのか、また、どのように環境を構成することが、表現することへの意欲をさらに高めることにつながるのか、日々の幼児の姿からとらえることが大切です。一人ひとりの表現したい思いを理解し、そのイメージを自由に表すことができるよう支えることが、教師の大きな役割です。

10 豊かな感性と表現

周囲の世界に自発的に交わろうとする3歳児

鎌倉女子大学非常勤講師・学校法人亀井学園寺尾幼稚園園長●亀井以佐久

1 「豊かな感性と表現」にかかわる3歳児の保育のポイント

　津守（1987）は、「子どもの行為の展開の中に、子どもの世界は表現される。（中略）子どもは、その世界を遊びの行為に表現するが、それは子どもが無意識の中で行う創造的作品ともいえる」と記しています。つまり、子どもの遊びや行為そのものが、心の表現であり、子どもは、その優れた感性でもって自分の周囲に広がる世界に自発的に交わり、時に大人が驚くような高い集中力をもってその「場」と混然一体となって学ぶ存在である、ということです。ただし、これまで母親や信頼できる人との関係性の中で培われてきた子どもが周囲に交わり探索しようとする力は、安心できる人やモノ、環境が園にも存在するのだと体感的に理解できるようになるまでは発揮されず、保育者の丁寧な配慮・援助が欠かせません。特にコロナ禍を経験してきた子どもたちは、社会生活の中で他者となるべく距離をとることが求められ、同年代の子どもと遊んだ経験も少ない傾向にあります。こうした情勢も踏まえつつ、この項では「豊かな感性と表現」にかかわる3歳児の保育においてポイントなる点を主に幼稚園での事例を交え解説していきます。

2 「豊かな感性と表現」にかかわる3歳児の保育実践

　次に、幼稚園での2つの事例から保育のポイントを生かした環境の構成や保育者の援助と、教具・教材の展開について見ていきましょう。

（1）　さくらんぼケーキやさん

　入園から１か月程経過した朝、晴れて気持ちのいい園庭には、細い木の枝が落ちていて、お山の上に行くと桜の木の下に赤く色づき始めたソメイヨシノの実が落ちていました。子どもたちがしきりに集めていると、１人の子どもが木のテーブルに砂を両手すくってお団子のように置き、その上にサクランボを載せました。「ケーキ」「プリン」という言葉が出てきたので、「じゃあ、さくらんぼのケーキ屋さん？」と保育者が

尋ねたところ、材料を集めて作るケーキ屋さんの遊びが始まりました。３歳の子どもが作る「ケーキ」はフワッとしていて柔らかく、形も手で軽く固めただけなのですぐに崩れてしまいます。別の子どもは小枝を立てて「お誕生日ケーキみたい」と言います。すると「誕生日のケーキは大きいよ」、「さくらんぼもっととってくる」などとこの場から生まれたイメージを膨らませながら自分たちでケーキ屋さんの遊びを展開していきます。やがて「ケーキいくらですか？」などと通りがかった年中組の子どもから聞かれると、「いくらにする？」「葉っぱのお金はどうかな」などと保育者も質問しながら遊びを支えました。特に自由遊びは筋書きのないドラマのようなものであり、偶然の要素と子どもの感性の輝きが加わって化学変化していきます。保育者も遊びに加わり変化を見極めた援助を行って、子どもの力が発揮される環境を作って後押ししていくことが大切です。

（2）　フィンガー・ペインティングから園庭の絵の具遊びへ

　３歳児クラスの１学期に絵の具を机の盤面に広げて行うフィン

ガー・ペインティングをしたところ、「手が汚れるから絵の具が嫌だ」と話していた子どもも、友だちの楽しそうな様子や、机に描いた指の軌跡が画用紙に写しとられることが楽しいようで、繰り返しチャレンジするようになりました。絵の具を手で触れる際の、冷たくて滑らかな感触、独特の香り、色彩と光沢が新鮮で心地良いようです。

　この様子を見た担任の保育者は、翌週に他のクラスの保育者とも協力して園庭の大きな木の下に梱包用の大型のクラフト紙を広げて、筆、ハケ、タンポ、スポンジ等を用いてダイナミックに行う絵の具の遊びを企画しました。始めは筆やハケを用いて描いていた子どもたちも、そのうちに指だけでなく腕全体に絵の具を塗って楽しんでいました。「お日様の光が当たってるところはあったかいよ」「葉っぱが落ちてきたからここにくっつけよう」などと木漏れ日や、舞い落ちた木の葉も作品の一部にしてしまう、豊かな感性と自由な表現の意欲が発揮された、とても集中した時間となりました。

3　保育のポイントを生かした環境・教材教具づくり

　3歳という年齢は、いろいろな事柄が自分でできるようになる一方で、少しの不安要素で急に母親が恋しくなってしまうことがあるもの

です。実習生や新任の保育者の中には、同時にたくさんの子どもたちから求められたとき、どう対処すればよいのか戸惑うことも少なくないのではないでしょうか。多くの子どもが自分の居場所がなくて落ち着かない入園直後や移行期には、保育者を仲立ちとした小集団の中で、子どもが徐々に自分の居場所ができて安心して過ごせるような、きめ細かい援助と環境構成が求められます。たとえば、保育中に歌う「バスごっこ」のお歌が大好きなクラスであれば、自由遊び中に椅子を並べてバスの座席をイメージした環境を設定してもよいでしょう。子どもも保育者も共通のイメージをもって同じ空間にいるので、常に手を繋いでいなくても先生と一緒にバスに乗って遊んでいると感じることができます。さらに、運転手役をする子が現れたり、仲良しの子が遊びに加わったりすると、この場に一緒にいること自体が楽しくなります。すると自然に自分でも具体的に動きたい気持ち、つまり感情や意欲が生まれ、自然と遊びや歌などに表現されていくことでしょう。

　外遊びの例を挙げると、初夏の園庭で水をためたタライに、牛乳パックを浮かべ船にして遊んでいる3歳児のところに、別の子どもがやってきて水を勢いよくかき混ぜたことで「波」や「渦巻」を起こす遊びが生れました。始めは「やめろよ」などという声も上がっていましたが、次第に遊びが盛り上がっていきました。「台風」や「嵐」が登場したことで船の遊びがスリリングになったのです。その後、子どもたちは大型遊具に場所を移して、みんなで嵐を乗り越えて進む「海賊船ごっこ」を始めました。このように子どもがイメージを共有しつつ一緒にいる「場」が生れ、そこに偶然の要素も合わさって遊びのストーリーが生まれる時があります。保育者はその流れに乗っていきながら、自身も一緒に遊ぶ仲間として、時に遊びの先輩としてリードしながらアイデアや材料を提供していくと良いでしょう。

[引用文献]

津守 真『子どもの世界をどうみるか ―行為とその意味―』NHK ブックス、1987 年

10　豊かな感性と表現

ファンタジーの世界を楽しみ自分らしさを十分に表現して遊ぶ4歳児

東京都品川区立台場幼稚園副園長●**親泊絵里子**

1　「豊かな感性と表現」にかかわる4歳児の保育のポイント

　「このくるまには、はねがついていてね……ここからぐるんってまわってとんでいくの。そしたらここから、シューってひがでるんだよ！」。作ったものを手に話をしてくれる4歳児。聞いていると、「え？　まさかそんなこと！」と大人ではなかなか想定しないような、子どもならではの楽しい空想の世界を広げていることがあるのではないでしょうか。4歳児は、ファンタジーの世界を、最も豊かに楽しんでいる時期であると考えられます。この発達の特徴を生かして、幼児がその気になったり、思い思いにイメージを広げていったり、その世界にどっぷりと浸ったりすることができるようにすることで、4歳児の表現の楽しさが広がっていくのではないでしょうか。

　また、もう一つの特徴として、好きなものがはっきりとしてくる時期であるともいえます。好きなものへの愛着は、「こんなところがすてきだな」「ここがもっとこうなったらいいな」などと、それぞれの幼児の思いや願いを生むでしょう。これが幼児の表現意欲を支えます。好きなものに十分にかかわったり、自分なりのこだわりをもったりしながら、遊び込むこと、没頭することがとても大事な経験となるでしょう。これらの発達の特徴を踏まえて、「豊かな感性と表現」にかかわる4歳児の保育のポイントを考えてみます。

　この時期ならではの幼児の感じ方やとらえ方を生かし、保育者は固定概念にとらわれずに、幼児ならではの表現やイメージの世界をありのままに、〝同じ目線〟で受け止めましょう。完成型にこだわらずに、

幼児が感じたことを形にして表すこと自体を楽しめるようにし、幼児自身が自分なりに表現して遊ぶ楽しさを味わえるようにします。

　初めから何かを目的にして表現していくというより、目の前のものと向き合いながら、その過程で思いつきや偶然からも、イメージが湧いたり、変化したり、広がったりする面白さがあります。その過程を楽しめるように、たとえば製作の材料なども、“この材料でこれを作る”というように固定化された提示ではなく、幼児が自分で選んだり、組み合わせたり、多様な表現の可能性を見据えて準備しておきましょう。しかし、ただ多種多様に用意すれば良いわけではなく、技術的な面や、幼児が自分なりの方法でかかわれるかなど、実態や発達段階を十分に考慮して精選していくことも重要です。

　また、好きなものに十分にかかわりながら、表現の楽しさにつながっていくよう、環境や教材との出会い方も大切です。あまり表現活動に積極的にかかわらない幼児にこそ、好きなものから派生して、“思わず表出してしまう”というような、自分から動き出せるきっかけをつくっていくようにしてみましょう。

　幼児が何に心を動かして、何を感じて、何を面白がって表現しようとしているのかをキャッチして、幼児が表現する過程を通して「あ〜楽しかった！」という思いが刻まれるようにし、満足感を味わえるように支えていくことがポイントです。

2　4歳児の保育実践の具体

　それでは、具体的な実践から考えてみましょう。ファンタジーの世界が楽しい4歳児です。つもりになって動いたり、なりきったりして遊ぶことを十分に楽しめるようにします。「なりたいものになれる」状況づくり、たとえば冒険や探検などのイメージが膨らむように、登って飛び降りることのできる場所、ちょっと隠れることのできる空間、怪しい雰囲気を創り出す音楽などがあると、幼児がさまざまなことをイメージしていくでしょう。

　そこから「こんなものがほしい」「こんなふうにしたい」など幼児の思いや願いが生まれてきたらチャンス！です。幼児が動きに着目していれば動きを誘発するような環境、身に着けるもの（お面、マント、ベルト、道具、衣装など）を欲していれば、幼児が簡単に組み合わせたり、選んだりして作ることのできる材料（たとえば、ロール芯、紙ベルト、カラービニール、紙テープ、リボン、ゼリーカップやペットボトルキャップ、点紙シールなど）を用意して、やりたいことを表現して遊ぶ楽しさが味わえるような環境を作り出していきましょう。

　幼児同士が互いに刺激を受けて「やってみたい」と意欲を膨らませることも大切です。同じことに興味をもった幼児同士が同じ場で動いたり、同じものを持ったりして遊ぶ楽しさも、表現意欲を高めていく要素となるでしょう。その際には「友だちと一緒」であることが重要なことではありません。むしろ、その中でいかに一人ひとりが自分のやりたいことやイメージを表現できているかに保育者が着目し、「Bさんのジャンプするときのポーズがかっこいいね」「Cさんの腕輪の、キラッと光る部分、先生も真似してみたいな」などと、それぞれの幼児のこだわりや思い、楽しんでいることに共感していくことで、幼児の表現意欲が満たされていきます。また、幼児は自分の表現したことが認められてさらに表現したいと意欲的になったり、他児の多様な表現に触れることでさまざまに表現する楽しさを感じ、自分の表現に取り入れていったりしながら、表現する力が育っていきます。

3　保育のポイントを生かした環境・教材・教具づくり

〈その世界に浸れる空間づくり〉

　空想の世界を広げ、動きやイメージを引き出せるように、巧技台とマットでジャンプ台、ビームで一本橋、ブルーシートで海や川、黒い布をかけて洞窟、草や岩などを配置して森や島ができます。一緒に用意したり、幼児自身が動かしたり配置したりできる工夫もあるとよいです。力の加減がまだ難しく、戦いごっこはケガの元と敬遠しがちで

すが、ヒーローに憧れる幼児の気持ちを受け止め、カラービニールに新聞紙を詰めて標的を作れば、欲求が満たされ意欲が増すでしょう。また、お城、隠れ家、基地、乗り物など、遊びの拠点となる場所ができると、幼児の動きの展開や遊びの流れ、同じイメージを楽しむ幼児とのかかわりが生まれます。壁面にドレープカーテンのように布を貼り、周囲より少し高さのあるステージを置けば劇場のようになり、踊りや劇、楽器遊びなど、ショーごっこを楽しめる空間ができます。イメージに応じて雰囲気を醸し出す BGM も用意されているとよいですね。

〈多様な表現の可能性を大切に〉

　タイヤに見立てられるもの（黒い丸い形、波段ボールを巻いたものなど）と大小の空き箱と組み合わせてさまざまな乗り物ができます。空想の乗り物も面白いです。また、頭と胴体と目に見立てられるものを組み合わせて生き物もできます。最初から「これを作る」と決まっていなくても、組み合わせていくうちにイメージがわいてくるような材料の種類や提示が重要です。楽器遊びは簡単に音が鳴る打楽器を中心に、身近なものとして決まった打ち方だけでなく、幼児が自然と自由にリズムをとって打てるように、単純でリズミカル、繰り返しがあるなどの曲の選択があるとよいです。

〈直接的体験から心を動かし個々に感じたことを表現する楽しさを〉

　たとえば、動物園遠足の体験から、毛がたくさんあったことを表現して短い線がいっぱいのゾウが描かれたり、実際のライオンの鳴き声を聴いて「ガオー」ではなくのどの奥からうなるような表現の仕方に変化したりします。動物になりきるのにお面があればと思いますが、鋭くとがった爪で威嚇する様子に心を動かされる幼児には、お面を用意することよりも、その爪を表現するものを作って身に着けることでより表現が引き出されるでしょう。

　これらは、参考事例です。目の前の幼児がどんなことに心を動かしているのか、どんな思いや願い、イメージを膨らませているのか、幼児起点に保育者もその世界をともに面白がっていく姿勢こそが、4歳児の表現の可能性を豊かに広げていくことにつながると考えます。

10 豊かな感性と表現

リアルにダイナミックに仲間と協同して表現を楽しむ5歳児

東京都品川区立台場幼稚園副園長●親泊絵里子

1 「豊かな感性と表現」にかかわる5歳児の保育のポイント

　さまざまな直接体験を通して、5歳児は、少しずつ空想と現実の世界との区別が出てくる頃でしょう。「より本物らしく」といったことに興味・関心や、価値が高まる頃です。認知が進み、平面や空間の認識や、構成することなどへ思考が働き、「こうしたらどうなるだろう」「〜するために、こうしてみよう」などと、見通しや自分なりの目的をもち、そこに向かって取り組む楽しさを味わいます。表現する過程においても、より「本物らしく」表現するためには、どのような表現方法が適しているかを考えたり、気づいたり、選び取ったり、試行錯誤しながら実現方法を模索していく面白さを感じていくことでしょう。

　また、より本物らしく、ダイナミックな表現へと向かう中では、個の力だけではなく、仲間と協同して取り組むことの楽しさにも気づいていきます。自分だけでは成しえなかったことが、仲間とともに取り組むことで可能になる喜びや、自分が表現したことが仲間に受け止められ、そこからさらに展開していく面白さ、ともに取り組むことで音や動きが揃う気持ち良さや、考えを出し合って1つのものを作り上げていく充実感なども味わっていくでしょう。

　5歳児の発達の特性から「豊かな感性と表現」にかかわる5歳児の保育のポイントを考えてみます。

　「より本物らしく」とは言っても、もちろん大人の価値観や見方から入るのではなく、幼児がとらえている部分を見極めていきましょう。たとえば、同じ虫を見つめても、虫の羽の透明具合を再現したい、跳

ぶ様子に魅了されて跳ばせて遊んでみたい、虫の音の様子が面白く音の表現に着目している……などさまざまであるでしょう。一人ひとりの幼児の知的好奇心をくすぐるように環境との出会わせ方を工夫しながら、物事の性質、仕組み、不思議さなど、何に興味・関心が高まっているかをとらえ、その表現方法にふさわしいものは何かに気づいたり、選んだり、使って表したりして楽しむ経験を積み重ねていきましょう。これが小学校以降の学習の基礎力にもつながっていきます。

　また、少しずつ簡単な予測や見通し、目的なども生まれてくるように、たとえば、「お客さんに来てほしいけれど、どうやって知らせたらいい？　看板？　ちらし？　呼び込みに行く？　チケット？　お土産あったらまた来てくれるかな？」など、自己満足から他者意識を伴った表現へと変化し、そこに表現していく必要感が生じて、表現欲求を高めていくことにつながっていくでしょう。

　さらに、仲間との共通体験から、共通の目的が生まれ、そこに向かって取り組んでいく充実感を味わえるのも、特に仲間関係の育ってきた5歳児後半の時期ならではの面白さと言えるでしょう。この面白さは、表面的に皆が同じことに取り組むことでは決して味わえません。共通の目的に向かいながら、一人ひとりのよさや考え、力などがさまざまに働いて、とうてい個では実現できないことが、そこに生まれていくことであり、そのことが、子どもたち自身の実体験を伴うものとして得られることが大切です。そのために保育者は、表には見えない演出家のように一人ひとりの表現を引き出したり、掛け合わせたり、つながる瞬間を見極めて任せたりしながら、幼児同士が互いに表現し合い、さまざまな感情体験を通して取り組む"ステージ"を支えることがポイントです。

2　5歳児の保育実践の具体

　それでは、具体的な実践から考えてみましょう。
　素材や材料の特徴、仕組みなどに気づいたり、選んだり、試しなが

ら作ったりできるものを、身近な環境の中に作り出しておきましょう。

　たとえば、戸外でケーキを作っていた幼児が白砂をクリームに見立てていましたが、より本物らしくと願い、石けんクリーム作りに取り組み始めます。石けんを水と混ぜて泡立てていきますが、固形石けんをどのように削るのか、ギザギザのついたナイフで削るのか？　おろし器を使うのか？　水を入れるときには水道まで入れにいく？　試しながら行うには手元で水を加減できるといいか？　ペットボトルなどの入れ物から？　量の調整は？　一定量が出るようなポンプ式の入れ物に水を入れておいたら？　など、その感触や違い、不思議さ、こうしたら次はどうなるかという見通しなど、幼児が試行錯誤しながら取り組む楽しさを味わえるような材料・道具・場所を整えていくことでしょう。

　「本物らしく」こだわりたいときに、図鑑や写真、タブレット端末を利用して動画や写真の拡大などを活用することで、知的好奇心を刺激しながら、表現意欲へとつなげることも有効であると考えます。

　また、協同して取り組む楽しさを経験できるように、仲間がいるからこそ操作できるような教材・遊具（大型積み木、巧技台、マルチパネル、キングブロック、大きな段ボール、段ボールカッターなど）を遊びに取り入れていくのもよいでしょう。最初は単純に操作を共同するところから始まるかもしれませんが、ともに作り出す過程で、互いの考えやアイデアを、物を介して表現し合いながら、目的の共有がなされていくこともあるでしょう。

　たとえば、みんなで地域のお店屋さんへ出かけた体験からお店屋さんごっこをするなど、自分たちで再現して仲間と作り出していく遊びは、これまで経験してきたさまざまな表現方法によって自己を発揮しながら楽しむ5歳児の醍醐味ともいえるでしょう。自分たちで継続して進めていく時間や場所を保障していくことで、見通しをもったり、必要なことは何かに気づいたり、実現するために表現したりする過程が生まれます。他者とのかかわりや意識の中で、自分の力を十分に発揮して取り組めるようにすることで、自信をもって自分を表現する力

が育まれていくでしょう。

3　保育のポイントを生かした環境・教材・教具づくり

〈素材や材料の性質・仕組み・不思議さを味わって表現する〉

　小麦粉粘土で感触・形・色を変化させたり、クレープ紙や絵の具などで色の混色（本物らしく飲み物を作りたい）をしたりする中で試行錯誤を楽しめるようにします。また、細かい部分に着目して描画（園庭に咲く花、虫など）をする面白さも感じる頃です。OHPやブラックライトなどの機器を使って、影絵遊び、OHPシートに描いて映画ごっこ、蛍光塗料を使って花火やお化け屋敷ごっこなどもよりリアル感を味わえるので、表現意欲が増すでしょう。楽器遊びでは、大太鼓、小太鼓、シンバル、ウッドブロック、ギロ、ウィンドチャイムなどの音色の違いに触れ、物語やシーンに合わせて音を出す遊びも盛り上がります。

〈自己表現を十分にしながら、協同して表現する楽しさを〉

　大きなこいのぼりに、個々で表現したうろこを貼り付け、みんなの表現が合わさってダイナミックなものが出来上がる喜びが味わえるでしょう。1つの空き箱を使ってドールハウスなどに見立て、それぞれのアイデアを出しながら、寝室・台所などの場所・家具を配置、家の住人などを作って遊ぶことや、リボンやフープなどを使ってさまざまな動きやポーズ、それを組み合わせて自分たちで振り付けを考える、合わせる、披露するのも楽しいです。ハンドベルで1人1音をもち、メロディーラインを奏でていくことで相手を意識して自分の動きを表したり、コードごとに同じ色のリボンを付けておくなど印をして、曲に合わせてコードが同じ音の仲間と合わせて鳴らしたりするなど、仲間と協同しながら表現して遊ぶ楽しさを感じていきます。

　一人ひとりのよさが表れ出ていくように、そのことが仲間にも認められていくように、互いに表現し合うことで豊かに遊びや生活がつくり出される体験を重ね、自信をもって表現する幼児を育てたいと願います。

第2章

「10 の姿」をトータルに育てる保育実践

事例1

みんなが納得する「まち」の名前を考える

学校法人睦美学園むつみこども園園長●杉本圭隆

1 まちの名前プロジェクト

　むつみこども園では、さまざまな人が集う場をイメージした「まち」と呼ばれる異年齢クラスで3〜5歳の子どもたちが暮らしています。自分たちが暮らすまちの名前は自分たちで決めます。まちのメンバー全員が納得するまで認定されないというルールがあるため、2か月ほどで決まることもあれば、夏休みに入っても決まらないこともしばしば。大切にしているのは、対話を重ねて自分たちで決めたという事実だけでなく、決まるまでの過程や、決まった後の余韻。ここが自分たちのまちであることを意識したり、まちに愛着をもったりしてほしいという願いをもっています。

2 新しいまちの名前が決まるまで

　「今年のまち名は何にする？」新しい年度になって1か月が経った頃、前年度のまち名である「あじさいまち」をひとまず引き継いだ子ども25人と大人2人が、新しいまち名を決めるプロジェクトがスタートしました。5歳児と希望する4歳児で行ったミーティング。まちのカラーである藍色から発想をひろげ、「いるかまち」「くじらまち」「ひとでまち」などの候補が挙がりました。とにかく調べることが好きだった子どもたち。それぞれが推しているまち名候補について調べていくことになりました。図鑑を買いに行ったり、博士を探したりする過程で、それぞれの候補のことをもっと好きになるものの、お互いを説得するには至らず、議論は平行線の状態が続きました。そんな中、候補

を１つに絞る決め手となったのは、それぞれの候補の共通点である海。「うみまち」の提案に、これまで自分の推している候補にこだわっていたメンバーも納得。海の雰囲気が漂う保育室の中で、７月の半ばに「うみまち」としての認定式が執り行われました。

３　まちの名前が決まるまでに見られた「10の姿」

＜自立心＞

　プロジェクトは異年齢クラス全体を巻き込んでの取組みです。５歳児が中心となって進めてきましたが、一人ひとり参加の仕方はさまざま。自らミーティングを開催したりするなど、リーダーシップを発揮する子ばかりでなく、人前に立って発言するのは苦手だけれど、手紙に自分の思いを込めたり、周囲の仲間や家庭でこっそり意見を伝えたりする姿もありました。３歳児や４歳児でも自分の思いやアイデアをはっきりと伝える子もいれば、年下の子どもたちの意見を代弁するのが得意な５歳児もいました。話し合いに参加することだけがプロジェクトではありません。話の流れをすべてわかっているわけではない３歳児でも、何となく、「次のまち名はこうなるのか」と興味をもっていたり、新しいまち名に変わろうとすることを喜ぶ姿が見られました。参加の仕方は人それぞれでしたが、すべてのメンバーに共通していたのは、このプロジェクトが自分ごとになっていたこと。それぞれが、程度の差こそあれ、まちの一員として自立心をもち、自分たちのまちの名前を決めているのだという気持ちをもって参加していたことがわかりました。

＜思考力の芽生え＞

　どうしたら他のまち名を推しているメンバーを説得できるのか。ミーティングは開かれるもののしばらく平行線が続きます。このまま

自分たちの思いを出し合うだけではまち名を１つに絞ることは難しい。それならばと「きょうりゅうまち」や「きらきらまち」など、これまでの流れとは関係ない妥協案もいくつか示されましたが、それも反対意見が出て採用はされず。早く決めたいという気持ちが募る一方で、それでも安易な名前で妥協はしたくないというこだわりもあり、しばらく葛藤の日々が続きます。事態が動くきっかけとなったのは、となりまちである「まっちゃまち」の新しい名前が「はっぱまち」に決まったとの情報。「いい加減なんとかしないと」という焦りからか重苦しい雰囲気の中、メンバーの１人から「全部海に住んでいるからうみまちっていうのはどう？」と提案が。これにはこれまで自分のまち名候補にこだわっていたメンバーも納得でした。自分とは違う考えをもつメンバーのことも尊重し、みんなで決めたいという強い思いをもっていたからこその試行錯誤。その結果生まれた、それぞれの名前候補の共通項を出すというアイデアには驚かされました。

＜文字等への関心・感覚＞

　博士を探す際に大きな役割を果たした手紙。子どもたちから出てきたアイデアです。文字が思いを伝えるためのツールであることに気づいている証拠です。覚えたての文字を駆使しながら、思いを伝えるために黙々と手紙を書いていたり、そんな仲間の姿を見て同じようにチャレンジする子どもの姿もありました。このプロジェクトで、もう１つ文字が大きな役割を果たしたのは、「まちの名前認定証」です。全員が納得する名前が決まった時に、まちのメンバーと園長とが署名をする正式な文書。まちの名前を証明する大切なものだからこそ、ていねいに書きたい。希望者が書くことになっていましたが、自信がなくても仲間に教えてもらったり、あいうえお表を見ながら練習する姿や、交渉して自分の書ける文字を選ばせてもらっている姿も見られました。

＜社会生活との関わり＞

「博士はいませんか？」保護者に
向けて手紙を書いた結果、博士は見
つからなかったものの、くじらの髭
をもっている人が見つかり、お借り
することができました。「なんとし
てでもくじら博士に会いにいかね

ば」と、大人も張り切って知恵を絞り、博物館に行くことになりまし
た。事前に用意していた質問をぶつけてみたり、実際のくじらの大き
さを体感してみたり。図鑑やタブレットで調べるのとはまた一味違っ
たコミュニケーションを楽しんだ子どもたち。博士に会えたという特
別な出来事があったから「くじらまちに決まり」となるはずが、「今
度はイルカショーの人に聞きに行きたい」や「百貨店に行ったら何か
わかるかも」など、もっと知りたいモードに。大人の勝手な予想は見
事に裏切られました。これらの発言からは、日々の暮らしの中で社会
とのつながりを感じていることがうかがえました。

＜協同性＞

認定式で子どもたちの表情からも感じられた一体感。全員が同じ密
度でプロジェクトに参加していたわけではありません。意見が食い違
うこともたくさんありました。それでも、みんなが納得するまちの名
前を決めるという共通のゴールに向かって対話や議論を重ねた結果、
ここが自分たちのまちであるという意識や、自分たちの居場所である
という安心感がより一層強くなったのではないでしょうか。

2月に行われた「まちの発表会」。話し合って決めた劇の内容は海
のいきものたちが認定式をするというものでした。実は「うみまち」
になった後、2人の仲間が加わっていました。「今までのまちのこと
を教えてあげたい」。「全員でまち名を決めたことにしたい」。みんな
がまちの一員であるとお互いを尊重し合う。そんな子どもたちの協同
的な姿がたくさん見られた1年間でした。

事例2

お店屋さんプロジェクトで育つ力

学校法人ひじり学園せんりひじり幼稚園園長●**安達　譲**
学校法人ひじり学園せんりひじり幼稚園教諭●**菱沼菜摘**

　当園では小学校とのつながりを見通しながら、遊びの中で幼児が体験していることや学びのプロセスを丁寧にとらえ、幼児教育を通して育みたい資質・能力が育まれるよう、5歳児年長組はお店屋さんプロジェクトに取り組んでいます。例年、11月初めにはPTA主催で開催している園のお祭りを楽しみにしている子どもたちの姿があり、5歳児はお祭りの当日に保護者主催のさまざまな店のお客さんとして楽し

んだ後に今度は自分たちがそれぞれのクラスで約1か月の間お店屋さんプロジェクトに取り組むことになります。

1　話し合いスタート（どんなお店屋さんにする？）

　「もうすぐお祭り！」と楽しみにしている子どもたちの姿がさまざまな場面で感じられる10月下旬。クラスのコーナーでは折り紙で食べ物を作ってお店屋さんごっこをしてやり取りを楽しむ姿があります。また、昨年の年長組のお店屋さんにお客さんとして楽しんだ経験もあることから「自分たちもやりたい！」と声が上がります。

　やりたい店を出し合った後に「昨年の年長さんがやっていない店をやりたい」という意見でパン屋さんかハンバーガー屋さんに絞られて

いきました。その中で「ハンバーガーを作るときにパンが絶対いるから、パンも作れるよ」というようなみんなが納得できるように提案し合う姿が見られました。このような話し合いの場面での担任の果たす役割としては自分の思いを主張するだけではなく、友だちの意見を聞き、説得や提案を互いにしながら、みんなが納得して折り合いをつけることができるように、話し合いの交通整理（時に通訳）や子どもの思いの確認などの役割を意識しながらの援助を心がけることが大切です。

２　試行錯誤を繰り返す ── 本物みたいに見えるかな？

　お店屋さんプロジェクトが始まって１週間。どんなメニューにするかを出し合い、担任がその話し合いをマッピングして保育室内に掲示します。すると、何人かが本物に見えるようにさまざまなものを作り始めます。スライムでジュースの試作を始める子どもたちは、スライムの柔らかさや色をその場その場で試しながら作るため納得できる完成品が増えていかないという課題に遭遇します。そこでジュースを作っていた子どもたちになかなか数が増えないことを伝えたところ、友だちの困り感に気づき、「みんなでつくっていこう！」という意見や「ジュースばっかり作っても他が作れない！」という意見もあったためマップを元に、「パン・お肉・ゴマチーム」「のみものチーム」「サイドメニューチーム」などの５チームに分かれて本格的に作ることとなりました。

　その中のパンチームでは通常の紙粘土ではパンの柔らかい質感が出ないため、かるふわ粘土を使ったり、中にスポンジを入れるなどを試します。中に入れるとふわふわ感が増し、納得のいくこだわりが詰まったバンズが完成しました。製作を重ねる中で思考力が芽生え、探究する姿へとつながっていきました。

　材料チームはトマトを試作していましたが、紙粘土に赤い色を塗り、真ん中に白い筋を入れたところ「なんかベーコンぽくない？」ということになり、当初のトマトからベーコンに材料が変わっていくこととなりました。サイドメニューチームではポテトの製作に当たり、形へ

のこだわりから粘土を手でちぎって作るのではなく、はさみで切って作ることとなりました。担任の役割としては子どもたちが色や形や柔らかさ、素材感など、どのようなこだわりをもつかを予想しながら子どもたちのあらゆる要望に応えられるような準備（教材研究）が大切になります。また、園としては各クラスのプロジェクトの記録（ドキュメンテーション）とともに、そのような教材研究の記録も重要です。

3　プレオープン→振り返り・話し合い・改善のサイクル

チームごとに製作物が完成してきた頃、クラスのみんなだけでプレオープンの日を設けることになりました。

クラス内でお客さん・お店屋さんに分かれ、交代で両方の立場を経験しました。終わった後の振り返りでは、良かった点よりも難しかったり困ったりしたことが多く上がりました（パンが足りなくなったり、ハンバーガーの包み紙が包みにくかったり……）。

そこで本格オープンまでに改善点を話し合う時間を設け、念願のオープンの日を迎えることができました。さまざまなクラスや保護者の方、小学校の先生も招きながら1週間オープンし、その後には必ず振り返りの時間を設けました。意見を出し合うことに加えて撮っておいた動画をプロジェクターで流し、自分たちの様子を客観的に見られ

るような振り返りも行いました。完璧に仕上げてオープンの日を迎えるのではなく、プレオープンや振り返りを繰り返す中で子どもたち自身で足りていないものや困りごとに気づいたり、お客さんを待たせないためにはどうしたらいいかなど、他者の立場になって考えたりしながら進めていく姿が見られるようになっていきました。

　約1か月間のプロジェクトで話し合いを重ね、製作・運営とさまざまな過程を経験していきますが、協働する中で一人ひとりの大切さに気づき、誰一人欠けてはならない大切な存在であるという意識が醸成されていきました。保育者はこれまでの子どもたちの経験を活かしながら、何を経験し、どのような力が育ってほしいのか、ねらい（願い）をもち、手立てや環境を考えるという姿勢が子ども主体の保育へとつながっていくと考えます。また、個と集団が育った結果としてさまざまな場面で10の姿を見ることができます。

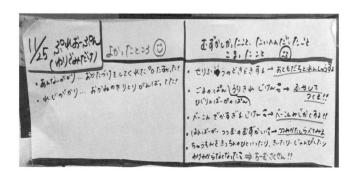

事例3

保育者も一緒におもしろがることで波のように広がる興味・関心

学校法人めぐみ学園認定こども園阿久根めぐみこども園理事長・園長●輿水 基

1 トカゲの飼育で試行錯誤

　畑を耕していたスタッフがトカゲがいたと子どもたちに持ってきてくれたことがありました。どうするかと尋ねると「飼いたい」ということで、ひとまず飼育ケースに入れてみました。園庭にいる虫を捕まえることをよしくしているため、捕った後は飼ったり、図鑑を使って種類を調べたりすることは日常的になっていました。トカゲを飼うと決まると、子どもたちは「イモリ」なのか「ヤモリ」なのか「カナヘビ」なのか、これまで知っているトカゲの知識をさっそく調べたくなっていました。尻尾が青いことから、どうやらニホントカゲの幼生であること、ニホントカゲには土と石の家が必要で、食べるものはミミズとクモだということがわかりました。ある5歳児は「ぼくは土と石で家を作るから、君たちはクモを捕ってきて」と役割分担が始まります。周りにいた子は「ぼくクモのいる場所知ってる」とうれしそうに駆け出しました。小さいクモがいる場所は知っていましたが、捕ったことはありません。手で取ろうとしても小さくて上手くつかめず、次は小さいボウルを使います。でも上手くいきません。何度も試しているうちに、素手で上からクモを追い込み下に置いたボウルで捕

まえる協働作業になっていました。捕まえたと揚々と戻ってきた子ど
もたちに聞くとまだ一匹しか捕れてはいませんでしたが、要領を得た
子どもたちはその後たくさんの小さなクモを捕まえることができまし
た。数日して子どもたちはトカゲのケースをのぞきます。するとクモ
を全然食べていないことに気づきました。なんでだろうと考えます。
「おなかがいっぱいだったんじゃないか？」と言う子もいます。他の
子は以前カナヘビを飼った経験から「カナヘビはバッタを食べていた
よ」と言います。一方で「図鑑にはミミズとクモと書いてあった」と
主張する子もいる中、好き嫌いの多い子が「トカゲにも好き嫌いがあ
るんじゃないか？」と実感がこもった考えを出してきて、妙に納得し
た周りにいた子どもたちは、ひとまずバッタを捕ってきてエサとして
あげてみるとトカゲが食べることに気づきます。以前の経験や自分の
ことをトカゲに当てはめてみたりした考えが、図鑑にも載っていない
答えになったことがとてもうれしそうでした。

　３週間ほどして、トカゲへの興味のムラが大きくなった頃、保育者
からこのまま飼い続ける方がいいか問いかけると、子どもたちは話し
合いの末に３匹のうち一番大きなトカゲだけを残して他は逃がすこと
にしました。園庭の隅に２匹を逃がそうとしていると、外に出しても
なかなか動かないトカゲがいました。ケースからトカゲを出す時に土
がめくれていた部分に目をとめた子が卵らしきものがあることに気づ
きます。お母さんだったからなかなか逃げなかったのだと納得する子
どもたち。しかし、卵らしきものは、これまで知っている鶏卵のよう
な硬さはなくブニョブニョで、本当に卵なのかと疑問の声も上がりま
す。ひとまず卵はボスと名付けられた大きなオスのトカゲとともにそ
のままにしておくようにしました。その後さらに３週間ほどすると、
卵の上でボスが温めているかのような時期がありました。卵の発見か
ら１か月ほど経ったある日のこと、子どもたちがケースの周りに黒山
になっています。見に行くと、今まさにトカゲの赤ちゃんが卵から出
てくるところでした。触ろうと子どもが手を伸ばすと、ススッと逃げ

ていきます。「トカゲの赤ちゃ
ん、赤ちゃんなのに走ってる〜」
「頭から出てくるんだ！」「サ
ファイヤみたいな青だなぁ」「ほ
んとに卵だったんだ」などさま
ざまな気づきや感想が出てきま
す。赤ちゃんが生まれたことで
子どもたちのトカゲへの興味は
再び盛り上がりました。毎朝ご
はんを探しに行くとバッタ採り
に行くようになり、観察して絵

を描いたり、思い思いにトカゲにかかわるようになりました。子ども
たちのトカゲへの関心の高まりをよそに、お盆明けのケースには赤
ちゃんがいなくなっていました。どうやら大きなトカゲが捕食してい
たようでした。衝撃と悲しみを感じつつ、子どもたちも「お休みの間
にバッタを入れていなかったからおなかがすいていたんじゃないか」、
これまでの経験で死んだら生き返らないことを知っている5歳児から
も「どうしよう」と行き場のないやるせなさも出てきました。「ボス
が赤ちゃんを食べるとは図鑑に書いてなかったし、知ってたら分けて
飼ったのに」と悔しそうな声もでてきました。ここでも図鑑に載って
いることが全てではないことを知ることとなります。

　その後も一匹残ったボスを飼っていると、赤ちゃんが生まれたこと
を聞いた学童クラブの小学生が見に来ました。赤ちゃんがいなくなっ
た経緯などを子どもたちが話していると、小学生は「親トカゲが赤
ちゃんを食べるんだね」と驚いています。これまでも図鑑に書かれた
エサを食べなかったこともあり、書かれていることが全てではないこ
との経験から「ボスは図鑑のやつじゃないからだよ」と5歳児が返し
ます。すると、小学生から「ボスの観察日記をつけたらいいんじゃな
い？」と提案がありました。観察日記を知らない子どもたちは「ボス

専用の図鑑みたいなもの」だと説明を受けて、俄然やる気になってきました。そこから子どもたちはボスの図鑑づくりを始めます。図鑑はどうやって書けばいいんだろうと、改めて図鑑を見ながら書き出します。たくさん写真が載っているので写真を撮る担当が出てきたり、どんなものを食べていたのかを友だちと振り返りながら書き

ていきます。いつも見ている図鑑には書いていなかった、手触りはさらさらだったり、赤ちゃんも食べることなどを書いてあります。写真を入れやすかったり、何度も書き直したりしても破れたりしないことは、モチベーションを持続するためにも必要だろうというねらいもあり、今回の図鑑づくりはあえてタブレットに書き込むようにしました。当初は書くのも消すのも同じペンであることに戸惑いもありましたが、すぐに慣れていきました。子どもたちが実際に体験したことがこの図鑑には詰まっていました。帰りの集まりで制作の中心を担っていた子に発表してもらいました。するとそれを聞いていたある子が「ぼくはイモリの図鑑がつくりたいんだよね」と小声で言っています。それを受けてここからいろんな図鑑づくりが流行り始めました。イモリ

を調べようとハ虫類図鑑を広げるとトカゲモドキの「モドキ」にひかれたり、クメトカゲモドキの「クメ」は久米島という生息地を表したりすることに気づいていきました。中に

は夏休みの海水浴でクラゲに刺されたことをみんなに注意喚起するためにクラゲ図鑑を作る子もいて、それをきっかけに、クラゲを調べる子が出てきました。

2 興味の連鎖で新しいチャレンジへ

　子どもたちの興味は連鎖して、波のように広がっていきました。クラゲの載った水の生き物図鑑を見ているとダイオウイカに目がとまり、「ダイオウ」という言葉や、マッコウクジラと戦うという記述に想像が膨らんでいきます。体長が 500 ～ 600 cm と書いてありましたが、子どもたちの知っているイカのサイズを手で示しながら 500 cm はこのくらいじゃないかと想像しています。これだけ興味を示し始めたので、メジャーで 550 cm を体感するようにしました。すると想像を遙かに超える大きさだと知り、子どもたちの興奮は高まりました。じゃあ調べて作ってみようかと保育者から提案すると、二つ返事でのってきました。改めて紙に 550 cm を描いてみるとかなり大きいことを身をもって感じます。色が赤褐色とあって、どんな色だろうとか、どうやったらその色を作れるかを話して考えを出し合いながら作っていきました。できあがった大きな大きなダイオウイカを前に子どもたちは背比べを始めました。当然 1 人 2 人では太刀打ちできず、最終的

には5人並んでようやくダイオウイカより大きくなりました。

　ダイオウイカをきっかけに深海生物に興味をもち始めた子どもたちのために次は深海生物の図鑑を用意しました。ダイオウイカの大きさに衝撃を受けた子どもたちは、大きさや長さ、ダイオウに負けない希少性に目が向くようになっていました。そこで見つけた

のが「リュウグウノツカイ」という体長8mを超える珍しい深海生物でした。一度作り上げた経験から、リュウグウノツカイも作りたいと、さっそく製作に取りかかります。8mを確保できる場所を探し、廊下で製作は進みます。鱗をどのように表現するのかを考えて、銀紙をクシャクシャにすることでそれっぽさがでることに行き着きます。図鑑には目が1つしかないけれど、1つじゃかわいそうだと片方に2つの目を書き入れてありました。できあがったリュウグウノツカイとも子どもたちはまた背比べを始めていました。

　子どもたちの興味・関心は、毎日のようにさまざまな気づきとともに生まれては消えていくことの方が多いのだと思います。1つの興味に寄り添い、ともにおもしろがることで、次なる興味へと広がり、波のように流行が起こり、探究することにつながっていきます。実際にやってみることで図鑑などに書いてあることをただ知っていることから体験に基づく知識になり、さらに図鑑にないような体験的な知識も得られたことが、自信にもなっていきました。また、図鑑に書かれたことを読みたいことで文字への興味も高まり、体長や重さなどから数字や単位にも関心が広がっていきます。単純な数字の比較ではなく実体験としての大きさを感じたことは、子どもたちに印象深く残っていることでしょう。

事例4

生命の秘密と保育の地層
── 1年間の学びを生かした創作活動

社会福祉法人宇治福祉園理事長●杉本一久

　「童心のつどい」という名の創作表現遊び発表会が今しがた終わり、子どもと担任が宇治茶で「かんぱ〜い!!」とほかほかの感動を分かち合っています。子どもたちが纏っているのは藍染のTシャツ。前年度の年長児さんから種をもらい、この1年間、栽培、収穫、すくも（藍葉を発酵させた藍染染料のもと）作り、灰汁作り、藍建て、藍染までの全工程を仲間と一緒に味わってきたのでした。保育室には、そのプロセスで活用してきた藍の乾燥葉を入れたいくつもの米袋、藍甕と傍らの砂時計、アナログ秤、デジタルの精密秤、PH測定計、スポイト、棒温度計、日々の観察の気づきと温度が色とりどりの色鉛筆やクレヨンで棒グラフに描かれた「すくも管理表」など一式が置かれています。さらに「葉脈も鮮やかな藍葉の叩き染め、生葉染め」「『ぷしゅけはんの世界』と架空のキャラクターを主人公にして空き容器やペットボトルなどのリサイクル素材、枝・実・葉などの自然素材、絵具や自分たちで煮出した草木の染料で塗り、染め、描かれた紙や布などを寄せ集めて作った子ども御輿」「栽培した綿で編んだ紐」など、実に多様な「ものたち」が子どもの豊かな体験を物語っています。

　新年早々のある日のこと、担任のA先生は保育年表さながらのドキュメンテーションを子どもが見やすいように保育室の壁床一面に広げ始めました。手伝う子どもたちは仲間や自分の姿を見つけては、あの時この時を思い出しながらとても嬉しそうな風情です。「本当に楽しいこといっぱいあったね」頃合いを見計らってA先生は切り出しました。「うん、うん！」と目を輝かせては頷く子どもたち。

　「今度の2月にはお楽しみの『童心のつどい』ですよ。今年もお父

さんやお母さんを招待して、面白いことをプレゼントしてあげようと思うねんけど、どうかな？」

　すると「さんせーい！」「よっしゃー！」などなど、場は一気にどよめき、口々に自分の思いを伝えあったり腕組みで考え込んだりこめかみを押さえて唸ったり、さまざまな姿が脈動し始め、子どもの想像・思考エネルギーが保育室中に満ちてくるのでした。

　「それでは、みんなが楽しんできたことのなかから、やりたいって思うことを6つ選びましょう」、A先生の問いかけに3歳児クラスの頃から積み重ねてきた子ども同士のミーティングもたけなわです。話し合いの末、「綿の体験」「藍の体験」「野菜の体験」「生きもの体験」「木工の体験」「米の体験」の6つが選ばれました。

　つづいて、一人ひとりがどのチームに所属するかを決めていきます。希望を主張したり譲り合ったりしながら納得するまで話し合います。いよいよチーム名を決めるミーティングが始まりました。

　「綿の体験」チームは、綿を触った時の感触「ふわふわ・ふわんふわん」の「ふ」と「ん」、綿をほぐした時の音「ぷわ・しゅわ」の「しゅ」、綿の中に隠れて住んでいる架空のキャラクター「ぷしゅけはん」の「ぷしゅ」を組み合わせて「ふわぷしゅん」と名付けました。

　「藍の体験」チームは、藍の葉が動いて、ぶつかっている音「ちゃっちゃっ」の「ちゃ」、沈殿藍の上澄みを掬う音、攪拌した時の音「ちゃぽん」の「ちゃぽ」、叩き染めの木槌の音「どんどん」の「ど」、二つの藍甕にらめっこしている「あっぷっぷー」の「ぷー」を組み合わせて「ちゃぽどぷー」と名付けました。

　「野菜の体験」チームは大切に育ててきたとまとの特徴である「ころころ」の「ころ」、とうもろこし「つぶつぶ」の「つぶ」、野菜が土から出てくる音「にょっきにょき」の「にょっき」を組み合わせて「ころつぶにょっき」と名付けました。

藍建てに必要な灰汁をつくる

「生きもの体験」チームは、生きものを見つけた時の嬉しく温かい気持ち「ぽかー」の「ぽ」、カエル、魚、昆虫、出会った生きものの生命の音、心臓の音「どくどく・ぽっぽ」の「どく」、大切に育ててきたカブトムシ・クワガタの鳴き声「ちっち」の「っち」を組み合わせて「ぽくどくっち」と名付けました。

藍建て後の初染め、最初は緑、酸化、水洗いで青になる色の変化の不思議

「木工の体験」チームは、のこぎりを引く音「ぎーこぎこ」の「ぎーこ」、金槌や木槌で木や竹を叩く音「とんとん」の「とん」、やすりの仕上げのチェックで木面を肌にあてるときの感触「すりすり」の「すり」を組み合わせて「ぎーことんすり」と名付けました。

「米の体験」チームは、雀から米を守ろうと稲の周りに張り巡らした「ネット」の「ねっと」、収穫までの稲を守るために作った案山子に命名した「かかっちん」の「かか」と「ん」を組み合わせて「かかねっとん」と名付けました。チームごとに、名前のもととなる一音一音を全員参画のもと選りすぐり、音の順や組み合わせ、音感をさまざまに遊びながら、チーム名を構成していくさまは「過去の体験」が現在に飛び出してきたかと見紛うばかりです。

子どもたちが選んだ「綿・藍・野菜・生きもの・木工・米」の体験はいずれも長い月日をかけて子どもと保育者が主体的に共創してきたものばかりです。一人ひとりの思いや願い、自由な発想やひらめきが相互に開かれ、各々のイメージや実現欲求が態度や行為となって幾重にも積もり交わり合うからこそ「保育の場」に現れてくる実践です。「いま・ここ」の保育環境や体験の厚みは、一人ひとりの子どもの思考、工夫、試行錯誤、協同、伝統的な手法や生活の知恵を取り入れる際の社会とのかかわり、などなど10の姿から小学校以降の人生を展望する大切な資質・能力が詰まっています。

さらに「いのちを大切にする」理念並びに「インクルーシヴな保育

実践」で培ってきた層が支えます。子どもは自身がありのままに受け入れられ愛情を注がれてきた体験を糧として、人形や架空のもの、植物、小動物、仲間などのウェルビーイングを考え、自己と共同体を形成してきました。「健康な心と身体」「道徳性・規範意識の芽生え」「学びに向かう力」の源流はここにあるといっても過言ではありません。

　「いま・ここ」の体験や保育環境に厚みをもたらすこの重層性は「保育の地層」です。「童心のつどい」の最終シーン。一年間の保育のドキュメンテーションを背景に、「いま・ここ」に生きる子どもと保育者ならではの言葉や姿が歌詞となりメロディーとなって躍動します。

いのちのひみつ（令和3年度年長児テーマソング）

息を吸ったら　私生まれた　僕も生まれた　風になったよ

綿をほぐして　糸を紡いで　種と綿仕分ける　道具つくった

生きものたちも　お米の苗を　大好きなことなんて　わからなかった

見てよ　見てよ　案山子できたよ　命を吹き込んだ　ご飯もあげた

ふじ（年中クラス）の時から　私育てた　僕も育てた　可愛いなかま

卵を産んで　子どもができて　人間とおんなじ　つながっている

小さな種が　こんなに強くて　大きくなるなんて　びっくりするね

おいで　おいで　野菜できたよ　とってもきれいやね　きみの顔

藍を染めたら　私わかった　僕もわかった　生命の秘密

温度計って　匂い感じて　元気が液の中　現れてくる

竹で編んだ　釜倉がいつか　御輿になるなんて　わくわくするね

着たよ　着たよ　命を着たよ　藍が生きている　特別なもの　宝物

振付相談中

最終シーンの合唱。背景は保育のドキュメンテーション、衣装は種から育てた藍染

事例5

子どもからはじまる保育

学校法人柿沼学園認定こども園こどもむら栗橋さくら幼稚園園長●塚越優子

1　秘密基地

　発表会の劇では大道具係・小道具係・台本係に分かれて子どもたち主体で作り上げていきます。

　大道具係は大きな段ボールに絵を描き、段ボールカッターで切っていきます。木でテーブルを作るときは金づちとくぎを使い、「ここをおさえてて」「曲がってないか見て」などと協力して行っていきます。

　小道具係は木の枝、木の実、染めた布、紙粘土など、いろいろな素材を使って料理や帽子などを作っていきます。「ボンドでつかないね」「ホチキスがいいかな」「グルーガンを使おうよ」と今までの経験の中から一番よい道具は何なのかを考えて作り上げます。

　台本係は絵本を読みながら、「こんな言い方はどう？」「それいいね」などと相談しながら紙に台詞を書いていきます。劇中の効果音も以前使った楽器の音色を思い出しながら探していきます。

　子どもたちだけで話し合う機会が増え、最初は自分の意見を押しとおしたり、話し合い中に声が大きくなったりという場面もありましたが、徐々に折り合いのつけ方や交渉力を学ぶようになっていきます。

　ある日、ロフトで遊んでいた男の子たち。「ロフトに秘密基地をつくろうよ」と話し始めます。発表会の劇で大道具を作った経験から、早速、段ボールカッターを使いドアを作り始めました。すると、その姿を見ていたまわりのお友だちも「わたしもつくりたい！」「秘密基地って楽しそう」と仲間が増えていきます。

　「秘密基地って何があるの？」「絵で描いてみようよ」と絵を描き始

める子どもたち。「ごはんを作るところと食べるところ、寝るところもいるよね」と意見が出ます。発表会の劇のときの役割を生かし、大道具係だった子が壁や棚を作り、小道具係だった子がテレビやキッチンの小物を作り出しました。徐々に秘密基地が出来上がってくると、「秘密基地なんだから外から見えない方がいいよ」「じゃあカーテン作ろう」という意見が出ます。「どんなカーテンがいいかな」「運動会のとき作ったポンポンをたくさん飾るのはどう？」と３歳児のときを思い出した女の子。そして、たくさんのポンポンを作り、窓に飾りました。

　秘密基地作りは劇あそびの経験から、考えや思いを言葉で伝え合い、ひとつのものを作り上げていくなかでみんなの思いもひとつになったのだと思います。

2　みんなで食べたいね

　秋には自分たちで育てたお米が取れ、子どもたちの提案で収穫祭におにぎりを食べようということになりました。「どんなおにぎりにしようか」と子どもたちが話し合いを始めます。「焼きおにぎり」「しゃけおにぎり」「肉巻きおにぎり」など各クラスはそれぞれ違う面白いおにぎりを作ることになりました。

　そんな中、宗教上の理由などで作ったものが食べられない○○くんがいました。保育者が何も言わなくても子どもたちがその子に気づき、「○○くんも食べられるものをつくりたい」と提案してきたのです。「ど

ういうものなら食べられるのか」話し
合いを始めます。わからないところは
栄養士さんに相談しながら、自分たち
で考えていきました。

　話し合いの結果、決まったのはおに
ぎりと「餃子」。○○くんだけでなく、
食物アレルギーのある子も食べられる「みんなが
食べられる餃子」というテーマもでき、栄養士さ
んのサポートを得て、4種類の餃子を考案。参観
日に親子で作って食べることにしました。例年、

参観日には保育理解と子どもたちの成長を感じて
もらう機会として子どもったちがカレーを保護者
に振る舞っていたため、保護者の方から「なんで
餃子なの？」という問いに子どもたちは「みんなで同じものが食べら
れるでしょ」「今日は○○くんもみんなと食べられるね」と自然に答
えられる子どもたち。異文化への尊重が自然にでき、友だちの個性を
認めることができているなと感じました。

3　パンがない！──トラブルをのりこえる子どもたち

　園では自分の役割をもち責任をもって行動するために当番活動を
行っています。決まったことを間違いなく行動することも大事ですが、
自発的に考え行動することを目的としています。失敗したときほど、
問題解決のための話し合いや意見の伝え合いなどを行い大きな学びと
なると考えています。

　5歳児のお食事当番は毎朝、その日食べる分のお米を研ぎます。お
茶碗で食べるときは8合、どんぶりのときは10合、お休みのおとも
だちが多いときは7合などと考え、表を作りました。子どもたちは毎
朝、メニュー表を見て、炊くお米の量が書いてある表を確認し、「1
合〜2合〜……」と軽量カップを使って数えながら米びつから計量

カップを使って量ります。時には大量のお米をこぼしたり、水の量を間違えたり、失敗の繰り返しですが、今ではみんなが大好物のカレーの日にはちょっと多めに炊いた方がよいと判断もできるようになりました。

　ある日、パン屋さんのミスでパンが届かないというトラブルが起きました。メニューはパンだったのでキッチンでは炊飯していません。すると、「いつもみたいにぼくたちがごはんを炊いておにぎりにすればいいんじゃない」「スーパーにパン売ってるから、買いに行けばいいよ」と2つの提案が。そこでおにぎりチームとパンチームにわかれて話し合いを続けることにしました。

　「おにぎりチーム」は3歳児、4歳児はどのくらい食べるのか、おにぎりの大きさはどのくらいがいいか食べやすいのかなどを各クラスに聞きに行き、表にまとめます。「10合を4クラスで炊けば間に合うかな」と考え、炊飯を始めます。「ラップが必要だね」「塩はキッチンにあるかな？」などと話し合いは進み、準備万端でごはんが炊けるのを待ち構えます。「熱い熱い！」「どうやれば三角になるの？」と大変でしたが、大小さまざまな塩おむすびができました。

　「パンチーム」はメニューを確認し、「食パンを買えばいいんだね」「何枚買えばいいの？」と調べ始めます。スーパーに行くと、「パンの場所わかるよ」「何枚切りを買えばいいの」と張り切ってかごいっぱいに食パンを入れます。園に戻ると、各クラスの必要枚数に分け、「パンのお届けです！」と各クラスに配ることができました。

　子どもたちの活躍により、おにぎりとパンでいつもより特別なランチを食べることができました。

第3章

「10の姿」を育てるカリキュラム・マネジメント

大阪総合保育大学大学院教授●大方美香

　序章では、なぜ「10の姿」が求められるのかについて無藤先生が詳細を述べられています。そして、第1章では「10の姿」の育て方を、第2章では「10の姿」をトータルに育てる保育実践について述べています。これらを基盤とし、第3章は、「10の姿」を育てるカリキュラム・マネジメントについて述べることとします。

　カリキュラム・マネジメントとはどういうことであり、どういう意図に基づき、2017年改訂において、幼稚園教育要領、保育所保育指針、幼保連携型認定こども園教育・保育要領（以下、要領・指針とする）に組み込まれたのでしょうか。いずれの要領・指針においても、以下に示すように第1章の中に位置づけられたことは、幼児教育にとって中核的な意義を持つことを示しています。

> 各幼稚園においては、教育基本法及び学校教育法その他の法令並びにこの幼稚園教育要領の示すところに従い、創意工夫を生かし、幼児の心身の発達と幼稚園及び地域の実態に即応した適切な教育課程を編成するものとする。また、各幼稚園においては、6に示す全体的な計画にも留意しながら、「幼児期の終わりまでに育ってほしい姿」を踏まえ教育課程を編成すること、教育課程の実施状況を評価してその改善を図っていくこと、教育課程の実施に必要な人的又は物的な体制を確保するとともにその改善を図っていくことなどを通して、教育課程に基づき組織的かつ計画的に各幼稚園の教育活動の質の向上を図ってい

1　幼児教育におけるカリキュラム・マネジメント

　幼児教育施設において、乳幼児が望ましい発達を遂げていくには、必要な計画を作成し、見通しをもって指導を行うとともに、振り返り評価しながら改善していくことが求められます。**図1**は、幼稚園・認定こども園等における教育課程の編成・全体的な計画の作成とその実施を示したものです。各園では、家庭や地域の実態、子どもの発達の実情に沿った「園の目標、子ども像」を設定しています。この目標を具体的に実践していくためには、法令や要領・指針の示すところに従い、教育課程の編成・全体的な計画の作成が必要です。これは、各園における在園期間の全体を見通し、目標に向かって入園から修了までの期間、子どもが遊び活動を通して、どのような体験の過程、育ちを経ていくのかを明らかにしたものです。その上で、カリキュラム・マネジメントは、幼児教育に関わる様々な取り組みを、教育課程を中心に据え、組織的かつ計画的に各園の教育活動の質の向上を図ることを示しています。従来から、各園は要領・指針に示された各領域のねらいや内容を、在籍期間を通して育てるように、また必要な体験が得られるようにと指導計画を作成してきました。2017年改訂の要領・指針では「幼児期の終わりまでに育ってほしい姿」（以下、10の姿）が示され、さらに小学校との接続をも見通したねらいや内容を組織的に編成することが求められています。

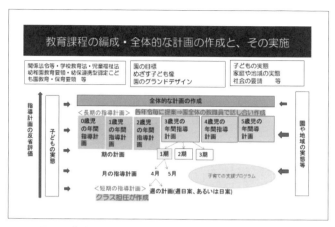

図1 教育課程の編成・全体的な計画の作成とその実施

　幼児教育におけるカリキュラム・マネジメントの実施としては、以下の3つの側面から捉えることを示しています（中央教育審議会「幼稚園、小学校、中学校、高等学校及び特別支援学校の学習指導要領等の改善及び必要な方策等について（答申）」2016. P73）。

> ○各領域のねらいを相互に関連させ、「幼児期の終わりまでに育ってほしい姿」や小学校の学びを念頭に置きながら、幼児の調和の取れた発達を目指し、幼稚園等の教育目標等を踏まえた総合的な視点で、その目標の達成のために必要な具体的なねらいや内容を組織すること。

　「カリキュラムの作成」における側面を示しています。まず、幼稚園教育要領等に示される内容について全保育者が共有し、理解を図ることが重要です。また、自己形成の基礎が育てられるこの時期の発達や幼児期から児童期への発達についての理解が保育者全員に共有されることが重要です。その上で、園長のリーダーシップと話し合いを通した「目的の共有」がカリキュラム・マネジメントには必要です。保育者全員が、各園における子ども像、教育目標についての理解を深めることが求められます。

> 〇教育内容の質の向上に向けて、幼児の姿や就学後の状況、家庭や地域の現状等に基づき、教育課程を編成し（全体的な計画）、実施し、評価して改善を図る一連のPDCAサイクルを確立すること。

　次に、「PDCAサイクルの確立」における側面を示しています。日々の記録と保育者間の体験の共有・話し合いがカリキュラム・マネジメントには必要です。保育者は、日々の実践を振り返り、評価しながら何が課題かに気づき、すぐに改善できること、中長期に考えていかなければならないことを園全体で共有し、明確にしていくことが必要です。「PDCAサイクルの確立」で重要なことは、反省・評価したことが明日の幼児教育の改善に生かされるということです。カリキュラム・マネジメントを通じて、より幼児教育の質の向上を目指すことが求められます。

> 〇教育内容と、教育活動に必要な人的・物的資源等を、家庭や地域の外部の資源も含めて活用しながら効果的に組み合わせること。

　「様々な資源の効果的活用」における側面を示しています。子どもの生活は、家庭・地域・社会全体でのつながりの中にあり、それぞれの場における生活経験が園における豊かな遊び・活動につながっていきます。幼児教育における体験の豊かさは、生涯における基盤となっていきます。子どもが過ごす家庭、地域等における体験が園における遊び・活動と往還してこそ、教育内容はより充実したものとなっていきます。そのためには、地域の実情や文化、伝統等への保育者間の話し合いと、保護者とともに歩む姿勢、また園内の人的・物的環境にとどまらず、地域等における外部の資源をも含めていかに活用するかがカリキュラム・マネジメントには必要です。

　各園では、この3つの視点を大切に、保護者や地域の方々をも活用しながらカリキュラム・マネジメント機能を発揮することが求められます。

2 「10の姿」とカリキュラム・マネジメント

　序章では、「幼児期の終わりまでに育ってほしい姿（10の姿）は幼児が園において経験することの多様性と深さをプロセスとして表し、経験の豊かさをまとめたもの」と示されています。幼児教育を園全体としてどのように進めていくかを考える際に基本となるのが教育課程であり日々の指導計画です。また、どのような内容の活動をするのか、何を育てるのか、子どもの姿を予想してどのような援助を考えるのかがカリキュラムです。従来のカリキュラム運用をさらに園長のリーダシップの下で園組織として意識的、自覚的に教育課程をより適切なものに改めていくことが求められています。

　また、序章では、「それは幼児期に完成するものではなく、その時期に顕著に姿として現れてくるものであり、小学校以降においても継続的に発達していく」と述べられています。各学年の指導計画を立てるとき、まず幼児理解が重要です。一人ひとりの幼児は、どのような体験を積み重ねてきたのか、ドキュメンテーション・エピソード等の記録を通して、振り返り評価しながら保育の改善につなげていきます。保育者は、幼児理解に努めつつ、幼児に今何が育ちつつあるのかを見極めながら、発達に必要な体験をどのように学び積み重ねていけるのかは、保育者間の対話によります。

　さらに、「乳幼児は環境への関わりを通してとりわけ自発的な遊びを通して学ぶ」と述べられています。どのような環境を準備するのかは各保育者にゆだねられています。「幼児が身近な環境に主体的に関わり、環境との関わり方や意味に気付き、これらを取り込もうとして、試行錯誤したり、考えたりするようになる」という幼児教育の「見方・考え方」は、教科書がない世界で、各保育者の経験と勘で運営していくことではありません。

　また、そこで育つ基本的な力を「資質・能力」としています。序章

では、「自分を含む世界にある諸々に関わり、その関わりの肯定的体験を通して、それらを愛し、知っていくという過程に生きる」と述べられています。このようなことを基盤とした「10の姿」とは、「保育のねらい及び内容（健康、人間関係、環境、言葉、表現の領域）」に基づく活動全体を通して育まれていく子どもの幼稚園修了時の具体的な姿を現しています。全保育者が子どもの姿を観察し、「今何が育ちつつあるのか」といった幼児理解を深めつつ、より適切な「ねらい」や「内容」をどのように構築していくのかを考えることが重要です。各担任がクラスを運営していく時、指針・要領に示された内容をどのように共有し、どの時期にどのようなねらいを持った指導をしていくのか、どのような体験を積み重ねていくのか等といったことは、単に書類上のことではなく、常に対話しながら育まれていくことです。その過程を大切にすることが、カリキュラム・マネジメントでは求められています。

　前述したように、幼稚園教育を全体としてどのように進めていくかを考える際に基本となるのが教育課程であり日々の指導計画です。それらに加えてどのような内容の遊び・活動をするのか、子どもの力として何を育てるか、子どもの姿を予想してどのような援助を考えるのかといったことを包含したものをカリキュラムと呼称します。今まで行ってきたカリキュラムの運用をさらに園長のリーダシップの下で園組織として意識的、自覚的に教育課程をより適切なものに改めていくことが求められています。それは、けっして子どもに何かをやらせるということではありません。幼児教育は教科書や主たる教材を使用せず「環境を通して行う教育」を基本としています。家庭との緊密度が他校種と比して高く、預かり保育等の教育課程外の活動が多くの園で実施されています。また、こども園、保育所では、0歳からの保育も実践されており、長時間・長期間の在籍のなかでどのように過ごすのか、子どもの育ちに必要なことはなにかを総合的に考えるカリキュラム・マネジメントは極めて重要なものといえます。

　図２は、教育課程の編成・全体的な計画の編成と実施、改善の流れについて示したものです。

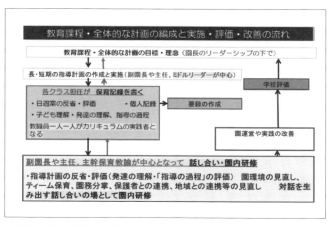

図２　教育課程の編成・全体的な計画の編成と実施、改善の流れ

3　資質・能力を活かすカリキュラム・マネジメント

　幼稚園教育要領、小中高校学習指導要領改訂に伴い各学校段階で強調されたのがカリキュラム・マネジメントです。今まで幼稚園教育要領は小中高校の学習指導要領とは別物という認識があったため小学校以降の学習指導要領とは随分異なる構成となっていました。しかしながら、今回は学校種間のつながりを重視しており、幼稚園等においてもカリキュラム・マネジメントに取り組むことが明示されています。要領・指針では、就学前と小学校の内容上の接続を踏まえ、以下の充実を図ろうとしています。

　１．幼稚園教育において育みたい資質・能力（「知識及び技能の基礎」、「思考力、判断力、表現力等の基礎」、「学びに向かう力、人間性等」）を明確化。２．５歳児修了時までに育ってほしい具体的な姿を「幼児

期の終わりまでに育ってほしい姿」として明確化するとともに、小学校と共有することにより幼小接続を推進。3．幼児一人一人の良さや可能性を把握するなど幼児理解に基づいた評価を実施。4．障害のある幼児や海外から帰国した幼児等の幼稚園生活への適応など特別な配慮を必要とする幼児への指導を充実。

　根幹には、この世界への関わりとしての資質・能力の育成があります。小学校以降も続く乳幼児期の教育を通して育てることの根幹は、子どもの資質・能力を長期にわたり育成することです。その育ちは小学校以上の教育の基盤となり、小学校以降でもそこでの学習の根幹となります。序章には、「資質・能力は知的な知識に関わる面、知的な思考力に関わる面、意欲・意志・社会性に関わる面とからなる」と述べられています。乳幼児期は、これらは育っていく過程の中で相互につながり合い、1つの活動の中で一体的に、どれもが発揮され伸びていきます。また、この3つの柱は、「総体として子どもがまわりの物事に関わり、特徴を見出し、それに応じて好きになって、さらに関わろうとしていく過程を示しています」「資質・能力のさらなる根幹を世界への愛と知の過程として捉えることができます。知的な面としての気付きと思考、そして愛としての心情・意欲・態度から発する学びに向かう力です」と序章で述べられています。

　これらの背景には、2017 年3月に告示された学習指導要領において、就学前から18歳までで育む「生きる力」を①知識及び技能、②思考力、判断力、表現力等、③学びに向かう力、人間性等の3点を柱とした資質・能力として具体化し、学校で育成すべき資質・能力の明確化と教育活動の充実が目指されていることからきています。

　主体的・対話的で深い学びの視点の実現に向けては、「何を学ぶか」に加え「何ができるようになるか」、「どのように学ぶか」が明確化され小学校以上においても各教科等の目標や内容が構成されています。さらに、これからの時代に求められる教育を実現していくためには「よ

りよい学校教育を通して主体的・対話的で深い学びを促すカリキュラム・マネジメントの実現に向けた基礎的考察（「よりよい社会を創るという理念を学校と社会が共有する」）が求められています。このような理念のもと地域と学校が協働する「社会に開かれた教育課程」を実現するためには、教育課程の編成にあたって学校内外にある人的・物的資源の確保と調整が求められています。そして、地域との協働による実践と評価を通じて質を高めるという好循環を生み出すために求められるのがカリキュラム・マネジメントです。

4　「10の姿」を小学校教育に活かす

　序章には、幼児期の終わりまでに育ってほしい姿とはその世界への愛し知っていく関わりの内容に応じた関わり方のリストなのです。それは、方向として育っていきつつあることであり、『姿』として保育者が子どもの様子を捉えることで見えてくるものを指しています。幼児期の終わりに向けては、そういう重点的なところの援助を意識して進め、幼児期の教育の一つの区切りを付けていきます。それは完成体というよりは、子どもが環境に出会い、そこでの経験を積み重ねて、保育としての実践を豊かにしていくためのものです。その育ちいく様子を姿として描き出し、資料としてまとめ、保育者間、対保護者、そして対小学校へと共有していくのです」と述べられています。すなわち、「10の姿」とは子どものなっていく過程を示しています。決して、到達目標ではなく、子どもの力自体を示すことでもありません。子どもが育ちゆくあり方、その過程を子どもの遊び・活動の様子から整理したものです。各園の子ども像、教育目標はそれぞれですが、小学校に行く前の「姿」として、ある意味公的に共有するもの、そう育っていってほしいと願う内容と言えます。保育者は、その過程の実現に尽くすことが専門家としての務めです。小学校は、就学前からの子どもの育ちや学びの接続を考える基本に、この10の姿の上に教科等の固

有の教育を進めることが責務となります。

　保育者は、この10の姿を「姿」として、子どもの遊び・活動の振り返りと見通しに活かすことができます。保育実践の中で気づき、見えたところを記録等で補うことが必要です。そうすることで、育っていくであろう10の姿を取り出し、指導計画に活かし、改善を進めていきます。このような質の向上が、カリキュラム・マネジメントです。

　幼児教育における小学校との連携・接続指導計画の策定を考えるとき、幼児教育における指導計画の基本的性格を確認します。幼児期の教育は、「幼児期の特性を踏まえ、環境を通して行うものであることを基本とする」とされています。これは、小学校以降の学校教育において教科書のような主要な教材を使用するのとは異なり、幼稚園教育が物的・空間的・人的環境などの潜在的な園全体の環境を構成して行うことを意味しています。つまり、幼児教育は、園に存在する様々な環境に自ら意欲をもって関わることでつくり出される活動の積み重ねによって、その目標を達成していきます。そこでは、幼児の主体的な活動が確保されるように調和のとれた組織的、発展的な指導計画を作成し、幼児の姿や活動に即した柔軟な指導を行わなければなりません。ここに幼稚園における指導計画の特質と必要性があるといえるでしょう。指導計画は、幼児の発達に即して、幼児一人ひとりが幼児期にふさわしい生活を展開し、必要な体験を得られるように、「具体的に作成する」ことと幼稚園教育要領に示されています。これまでにも指導計画は、長期的な見通しをもった年間指導計画や期間指導計画、月間指導計画などの長期の指導計画と、これらとの関連を保ちながら具体的な幼児の生活に即した週案や日案などの短期の指導計画が立案されてきました。また、短期の指導計画には教育実習や園内研修などで計画する部分指導計画（時案）もあり、これらは幼児一人ひとりの発達や生活リズム、クラスの実情を踏まえ、より具体的に立案されます。さらに新要領では、各園における教育課程を中心としながらも、教育課程以外の学校との接続・連携を強化するカリキュラム・マネジ

メントや学校保健計画、学校安全計画などを関連させた全体的な計画を作成することが求められています。この全体的な計画を実現するためには、指導計画を具体的にどのように立案し、環境を構成していくのかを考え、実施・評価・改善していくカリキュラム・マネジメントの確立が求められています。

　各園におけるカリキュラム・マネジメントの重要性は、①環境を通して行う教育を基本としていること、②小学校以降の学校に比べて家庭との関係が緊密であること、③預かり保育や子育て支援などの教育課程以外の活動が多くの幼稚園で実施されていることが理由としてあげられています。このことは、園長等管理職だけではなく、全ての保育者がカリキュラム・マネジメントに責任をもちその実施に必要な力を身に付ける必要があると指摘されています。

　カリキュラム・マネジメントと並び要領改訂のキーワードである主体的・対話的で深い学びの実現に目を向ければ、子どもの経験の総体としてのカリキュラムや保育者の指導による思いがけない事項への配慮も必要となります。それだけに、振り返り、評価、改善が求められます。

　子どもの主体性を遊び・活動の中でいかに位置づけるかについて、「生涯にわたって能動的に学び続けるために上述の資質・能力の3つの柱が相互に連動して高めあう学習過程そのものをアクティブな学びとして位置付ける」、とりわけ主体的な学びについては「子ども自身が興味をもって積極的に取り組むとともに、学習活動を自ら振り返りまた先への見通しを立てて、子どもによる意味づけを可能にして、子ども自身が身についた資質・能力を自覚したり、共有したりできるようにする」（無藤2017：45）と述べられています。

　この「主体的な学習活動」モデルからは主体的な学びを実現するために、子どもの関心を引く教材研究、子どもが自らの言葉で学びを振り返る言語活動、そして身に付けた資質・能力を活用する機会が相互に結び付く教育課程の編成が構想されます。

5 「10の姿」を育てるカリキュラム・マネジメントと記録のあり方

　本稿では、第1章、第2章で具体的実践事例を述べてきました。読まれた方はすでにお気づきでしょうが、「10の姿」を育てるカリキュラム・マネジメントの根幹は、「遊び・活動を通して子どもは何に気づき、何を試したり学んだりしているのか」「何を体験し、何を葛藤しながら生きることを身につけているのか」という内面性の観察です。10の姿は、1つずつ特定の活動に対応するということではありません。1つの遊び・活動の子どもの行為には、いくつかの姿が並行したり、継続的に現れてきます。その姿は保育者同士また保護者さらに対小学校教育とも共有するための共通言語として生かしていくことができます。また、小学校との連携や学びの接続等に用いることもできます。

　このように、子どもの行為のなかに10の姿は見出されます。しかしながら、保育者がそのことに気づくには、子どもの遊び・活動を洞察・傾聴しながら記録することが大切です（ドキュメンテーション、フォトカンファレンス、エピソード記録等）。子どもが、単に何をしていたかではなく、一人ひとりの子どもの遊びの中での体験、すなわち内面的な行為を可視化していくことが記録であり、計画になります。序章では、「資質・能力の育成」は、「そこで育つ基本的な力を資質・能力とし、気付くこと（知識・技能の基礎）、思考し工夫すること（思考力・判断力・表現力の基礎）、意欲を持ち粘り強く取り組み協力すること（学びに向かう力）からなると整理しました。それは認知面（気付きと思考）と非認知面（学びに向かう力）とからなります。最も根本には、まわりの自分を含む世界にある諸々に関わり、その関わりの肯定的体験を通して、それらを愛し、知っていくという過程に生きることなのです」と述べられています。

　このような遊び（活動）のなかで経験してきたことを積み重ね、一

人ひとりの子どもに「今、何が育ちつつあるのか」という、子どものなかで育つ力を示したものです。「資質・能力」という考え方は、日々の保育における育ちの目安となり、またカリキュラム編成においても今は何を育てる時期か、クラスとして、一人ひとりとして考える目安になる。また遊び（活動）では、そのような育ちの力が本当に育っているのかということを確認する振り返り、評価の視点にもなります。保育の中で、「育つ力」という見えない内面的な内容を整理し、見やすく概念整理したものが「資質・能力」の3つの柱と考えられます。この枠組みは、保育をしながらいつも振り返って見直し、改善するという評価のプロセスにもなります。保育は、子どもが環境に関わり、その時々に保育者が援助（環境構成含む）していくことであることに変わりありません。保育の上では、特に「資質・能力」の3つの柱に示されている力が発揮されることに着目して記録をとります。記録は、振り返り、何がどう変化したかを確認し、さらに必要な援助を保育者が行うことにあります（環境構成含む）。これはやらせ保育ではなく、子どもの遊び（活動）のなかで、「子どもが気づいたり、できるようになること→また試したり、工夫したり考えたりすること→意欲を持ってさらに粘り強く取り組むこと」につながるには、どうすればよいかを考えるという計画です。また、記録とは、まず事実として今何が起こっているのかを丁寧にみとり、あとで振り返ることができるようにわかりやすくポイントを記載しておくことが大切です。記録から指導計画作成への創意工夫が必要であり、子どもの思いを大事にしながら、「気づく・考える・試す・工夫する・表現する」といった力を育むことが保育であり、専門性といえるでしょう。

　序章には、「具体的な活動の内容としての5領域は、この世界のあり方の種別である」「具体的な活動の内容として5つの領域が整理されていますが、その内容に応じて資質・能力の育ちはより具体的なものとなっていきます。それは具体的な内容の特性を踏まえてそこでの物事を知り、関わり方を身に付け、自分のやってみたいことを実現し

ようと工夫し、自分が仲間とともにできるのだと希望を抱き、そして
それらの物事や関わりを好きになり関わって続けていこうとすること
です。5つの内容領域とは、この世界の諸側面であり、子どもが愛し
知っていく世界のあり方のリストなのです」と述べられています。5
領域のねらいや内容・内容の取扱いには、従来から記載されています
が、日々の保育における子どもの遊び・活動における様子を「資質・
能力」という3つの視点を活かし、具体的に記述した記録が必要にな
ります。それを数か月さらに1年とまとめて経過記録とすると、子ど
もの遊び・活動の学びや探究がみえてきます。同僚性を生かし、園に
おいて対話をしながら指導計画を作成するようにするとよいでしょ
う。全体的な計画と年間指導計画は、園の子ども理解に基づき、どの
ような経験が保育内容として必要か、今、何が育とうとしているのか、
そのためにはどのような環境構成が必要か、具体的活動を軸としなが
ら対話すると園内研修にも役立ちます。園内研修の在り方や協働性は、
カリキュラム・マネジメントを軸にすると、今後の園運営にも参考に
なります。

　日々の保育実践を記録した保育記録には、子どもの姿や保育者の配
慮などがありのままにつづられています。これが、指導計画作成にお
ける「子ども理解」の基礎資料となります。この基礎資料をもとに一
人ひとりの子どもの保育の過程の記録が作成され、その先に指導計画
があります。日々の保育記録から保育の過程の記録へ、さらに「子ど
も理解」から指導計画につなげるためには、記録を書く時点から意識
して子どもの育ちをとらえることが重要です。留意したいことは以下
のとおりです。

①心にふれた出来事を記録する

　保育記録の形式はさまざまであり、園によっても、学年や年齢、クラスによっても異なる。乳児の場合は個人記録を中心とする場合が多い。子どもと一緒に生活していると、一見あたり前のことでも、よく見るとハッとさせられることがある。まずは、その心にふれた出来事をできるだけありのままに記録するように心がける。そして、「なぜ、子どもはその行為をしたのか」、「その背景には何があるのか」などを考え、子どもの世界にあたたかいまなざしをもつようにすることが大切である。

②継続的に見て変化をとらえる

　子どもの生活は日々変化し、子どもは生活を通して育ち、変容していく。こうした育ちの変化や変容をとらえるには、保育者の心にふれた出来事を継続的に子どもの遊び（活動）を追っていくことが必要である。例えば、その子どもの表情やしぐさ、言葉や行動、保育者としてどうかかわったかを継続的に記録する。その記録を通して、子どもが何に気づき、何をしようとしたのか、何ができるようになったのか、何を学んでいるのか等、葛藤やこだわりも見えてくる場合がある。

③子ども同士のかかわりを書く

　まわりの子どもとのかかわりのなかで子どもの姿を追っていくことも必要である。例えば、1人で積み木遊びをしている場面でも、まわりの子どもとのかかわりも視野に入れるということである。「1人で遊んでいた」という事実が、「繰り返し夢中になって遊んでいた」のか「ときどきまわりの子どもの様子を見ていた」のか、「保育者の応答性によってやろうとしたのか」等により、その子どもにとっての積み木遊びの意味が異なってくる。

④保育者とのかかわりを書く

　保育の過程をとらえるためには、保育者とのかかわりをできる

だけ客観視して記録する。子どもがある活動を展開した際に、保育者が応答したのか、仲立ちとなったのか、一緒になって活動したのか、全くかかわらなかったのかなどによって活動の意味が異なるからである。そのときには気づかなくても、振り返ってみたら、保育者のかかわりや言動が活動の契機になっていることもある。

⑤子ども一人ひとりにとっての活動の意味を理解して書く

　発達の理解を深めるためには、記録をとる際、子ども一人ひとりにとっての活動の意味を理解して書くことも大切である。同じ活動であっても、参加している子ども一人ひとりが同じ経験をしているとは限らないからである。

　<u>指導計画を作成するときは、クラス全体を見渡しながら、子どもたちがどのような活動を生みだしてくるのかを予想する。</u>そして、それぞれの発達の時期のねらいをふまえ、「昨日、お店やさんごっこを楽しんでいたので、今日もその場をつくっておこう」「○○ちゃんたちは、積み木遊びをしていた。仲間が増えてきたので、積み木遊びの場を広くしよう」など、子どもたちの活動の場を確保します。しかし、いったん保育が展開すると、さまざまな活動が生まれてくる。保育のなかでは予想もしない活動が生まれるのはよくあり、それに応じながら、子どもたち一人ひとりの発達を支えていくことが保育といえる。

　また、同じ活動をしていたとしても、そこで経験していることは一人ひとり異なる。例えば、お店やさんごっこをしていても、売ったり買ったりすることを楽しむ子どももいれば、「○○ちゃんと遊びたい」と思いながらお店やさんごっこをする子どももいるのである。

　保育の記録では、ねらいに沿った記録も必要であるが、子どもの予想外な活動の記録も必要である。また、同じ活動を楽しんでいても、楽しみ方が異なるのであれば、それぞれの楽しみ方から、

その子どもにとっての活動の意味を理解することが必要である。いずれにしても、一人ひとりの活動の姿をとらえながら、その子どもが実現したいことはどのようなことなのかを推測しながら活動を理解し、計画につなげる。保育の記録では、ねらいに沿った記録も必要であるが、子どもの予想外な活動の記録も必要であり、また、同じ活動を楽しんでいても、楽しみ方が異なるのであれば、それぞれの楽しみ方から、その子どもにとっての活動の意味を理解することも必要である。いずれにしても、一人ひとりの活動の姿をとらえながら、その子どもが実現したいことはどのようなことなのかを推測しながら子どもの活動を理解することが大切である。

〔参考文献〕
・無藤隆著『新しい教育課程におけるアクティブな学びと教師力・学校力』（教育の羅針盤５）図書文化社、2017年
・無藤隆・神長美津子・伊藤学司「幼児教育鼎談　新幼稚園教育要領を基盤とした今後の幼児教育の展望〔後半〕」『初等教育資料』2017年５月号（No.953）東洋館出版社、104-111頁
・無藤隆・田中雅道・天笠茂・大橋明・寺本充・合田哲雄「３か月連続座談会　未来社会を拓く子供たちと新学習指導要領　新学習指導要領で目指す『主体的・対話的で深い学び』の実現」『初等教育資料』2017年５月号（No.953）東洋館出版社、70-81頁

幼稚園教育要領 第1章

　教育は，教育基本法第1条に定めるとおり，人格の完成を目指し，平和で民主的な国家及び社会の形成者として必要な資質を備えた心身ともに健康な国民の育成を期すという目的のもと，同法第2条に掲げる次の目標を達成するよう行われなければならない。

1　幅広い知識と教養を身に付け，真理を求める態度を養い，豊かな情操と道徳心を培うとともに，健やかな身体を養うこと。
2　個人の価値を尊重して，その能力を伸ばし，創造性を培い，自主及び自律の精神を養うとともに，職業及び生活との関連を重視し，勤労を重んずる態度を養うこと。
3　正義と責任，男女の平等，自他の敬愛と協力を重んずるとともに，公共の精神に基づき，主体的に社会の形成に参画し，その発展に寄与する態度を養うこと。
4　生命を尊び，自然を大切にし，環境の保全に寄与する態度を養うこと。
5　伝統と文化を尊重し，それらをはぐくんできた我が国と郷土を愛するとともに，他国を尊重し，国際社会の平和と発展に寄与する態度を養うこと。

　また，幼児期の教育については，同法第11条に掲げるとおり，生涯にわたる人格形成の基礎を培う重要なものであることにかんがみ，国及び地方公共団体は，幼児の健やかな成長に資する良好な環境の整備その他適当な方法によって，その振興に努めなければならないこととされている。

　これからの幼稚園には，学校教育の始まりとして，こうした教育の目的及び目標の達成を目指しつつ，一人一人の幼児が，将来，自分のよさや可能性を認識するとともに，あらゆる他者を価値のある存在として尊重し，多様な人々と協働しながら様々な社会的変化を乗り越え，豊

かな人生を切り拓き，持続可能な社会の創り手となることができるようにするための基礎を培うことが求められる。このために必要な教育の在り方を具体化するのが，各幼稚園において教育の内容等を組織的かつ計画的に組み立てた教育課程である。

教育課程を通して，これからの時代に求められる教育を実現していくためには，よりよい学校教育を通してよりよい社会を創るという理念を学校と社会とが共有し，それぞれの幼稚園において，幼児期にふさわしい生活をどのように展開し，どのような資質・能力を育むようにするのかを教育課程において明確にしながら，社会との連携及び協働によりその実現を図っていくという，社会に開かれた教育課程の実現が重要となる。

幼稚園教育要領とは，こうした理念の実現に向けて必要となる教育課程の基準を大綱的に定めるものである。幼稚園教育要領が果たす役割の一つは，公の性質を有する幼稚園における教育水準を全国的に確保することである。また，各幼稚園がその特色を生かして創意工夫を重ね，長年にわたり積み重ねられてきた教育実践や学術研究の蓄積を生かしながら，幼児や地域の現状や課題を捉え，家庭や地域社会と協力して，幼稚園教育要領を踏まえた教育活動の更なる充実を図っていくことも重要である。

幼児の自発的な活動としての遊びを生み出すために必要な環境を整え，一人一人の資質・能力を育んでいくことは，教職員をはじめとする幼稚園関係者はもとより，家庭や地域の人々も含め，様々な立場から幼児や幼稚園に関わる全ての大人に期待される役割である。家庭との緊密な連携の下，小学校以降の教育や生涯にわたる学習とのつながりを見通しながら，幼児の自発的な活動としての遊びを通しての総合的な指導をする際に広く活用されるものとなることを期待して，ここに幼稚園教育要領を定める。

第1章　総　則

第1　幼稚園教育の基本

幼児期の教育は，生涯にわたる人格形成の基礎を培う重要なものであり，幼稚園教育は，学校教育法に規定する目的及び目標を達成するため，幼児期の特性を踏まえ，環境を通して行う

ものであることを基本とする。

このため教師は，幼児との信頼関係を十分に築き，幼児が身近な環境に主体的に関わり，環境との関わり方や意味に気付き，これらを取り込もうとして，試行錯誤したり，考えたりするようになる幼児期の教育における見方・考え方を生かし，幼児と共によりよい教育環境を創造するように努めるものとする。これらを踏まえ，次に示す事項を重視して教育を行わなければならない。

1　幼児は安定した情緒の下で自己を十分に発揮することにより発達に必要な体験を得ていくものであることを考慮して，幼児の主体的な活動を促し，幼児期にふさわしい生活が展開されるようにすること。

2　幼児の自発的な活動としての遊びは，心身の調和のとれた発達の基礎を培う重要な学習であることを考慮して，遊びを通しての指導を中心として第2章に示すねらいが総合的に達成されるようにすること。

3　幼児の発達は，心身の諸側面が相互に関連し合い，多様な経過をたどって成し遂げられていくものであること，また，幼児の生活経験がそれぞれ異なることなどを考慮して，幼児一人一人の特性に応じ，発達の課題に即した指導を行うようにすること。

その際，教師は，幼児の主体的な活動が確保されるよう幼児一人一人の行動の理解と予想に基づき，計画的に環境を構成しなければならない。この場合において，教師は，幼児と人やものとの関わりが重要であることを踏まえ，教材を工夫し，物的・空間的環境を構成しなければならない。また，幼児一人一人の活動の場面に応じて，様々な役割を果たし，その活動を豊かにしなければならない。

第2　幼稚園教育において育みたい資質・能力及び「幼児期の終わりまでに育ってほしい姿」

1　幼稚園においては，生きる力の基礎を育むため，この章の第1に示す幼稚園教育の基本を踏まえ，次に掲げる資質・能力を一体的に育むよう努めるものとする。

(1)　豊かな体験を通じて，感じたり，気付いたり，分かったり，できるようになっ

たりする「知識及び技能の基礎」
（2）　気付いたことや，できるようになった
ことなどを使い，考えたり，試したり，
工夫したり，表現したりする「思考力，
判断力，表現力等の基礎」
（3）　心情，意欲，態度が育つ中で，よりよ
い生活を営もうとする「学びに向かう
力，人間性等」
2　1に示す資質・能力は，第2章に示すね
らい及び内容に基づく活動全体によって育
むものである。
3　次に示す「幼児期の終わりまでに育って
ほしい姿」は，第2章に示すねらい及び内
容に基づく活動全体を通して資質・能力が
育まれている幼児の幼稚園修了時の具体的
な姿であり，教師が指導を行う際に考慮す
るものである。
（1）　健康な心と体
幼稚園生活の中で，充実感をもって自
分のやりたいことに向かって心と体を十
分に働かせ，見通しをもって行動し，自
ら健康で安全な生活をつくり出すように
なる。
（2）　自立心
身近な環境に主体的に関わり様々な活
動を楽しむ中で，しなければならないこ
とを自覚し，自分の力で行うために考え
たり，工夫したりしながら，諦めずにや
り遂げることで達成感を味わい，自信を
もって行動するようになる。
（3）　協同性
友達と関わる中で，互いの思いや考え
などを共有し，共通の目的の実現に向け
て，考えたり，工夫したり，協力したり
し，充実感をもってやり遂げるようにな
る。
（4）　道徳性・規範意識の芽生え
友達と様々な体験を重ねる中で，して
よいことや悪いことが分かり，自分の行
動を振り返ったり，友達の気持ちに共感
したりし，相手の立場に立って行動する
ようになる。また，きまりを守る必要性
が分かり，自分の気持ちを調整し，友達
と折り合いを付けながら，きまりをつ
くったり，守ったりするようになる。

（5）　社会生活との関わり
家族を大切にしようとする気持ちをも
つとともに，地域の身近な人と触れ合う
中で，人との様々な関わり方に気付き，
相手の気持ちを考えて関わり，自分が役
に立つ喜びを感じ，地域に親しみをもつ
ようになる。また，幼稚園内外の様々な
環境に関わる中で，遊びや生活に必要な
情報を取り入れ，情報に基づき判断した
り，情報を伝え合ったり，活用したりす
るなど，情報を役立てながら活動するよ
うになるとともに，公共の施設を大切に
利用するなどして，社会とのつながりな
どを意識するようになる。
（6）　思考力の芽生え
身近な事象に積極的に関わる中で，物
の性質や仕組みなどを感じ取ったり，気
付いたりし，考えたり，予想したり，工
夫したりするなど，多様な関わりを楽し
むようになる。また，友達の様々な考え
に触れる中で，自分と異なる考えがある
ことに気付き，自ら判断したり，考え直
したりするなど，新しい考えを生み出す
喜びを味わいながら，自分の考えをより
よいものにするようになる。
（7）　自然との関わり・生命尊重
自然に触れて感動する体験を通して，
自然の変化などを感じ取り，好奇心や探
究心をもって考え言葉などで表現しなが
ら，身近な事象への関心が高まるととも
に，自然への愛情や畏敬の念をもつよう
になる。また，身近な動植物に心を動か
される中で，生命の不思議さや尊さに気
付き，身近な動植物への接し方を考え，
命あるものとしていたわり，大切にする
気持ちをもって関わるようになる。
（8）　数量や図形，標識や文字などへの関
心・感覚
遊びや生活の中で，数量や図形，標識
や文字などに親しむ体験を重ねたり，標
識や文字の役割に気付いたりし，自らの
必要感に基づきこれらを活用し，興味や
関心，感覚をもつようになる。
（9）　言葉による伝え合い
先生や友達と心を通わせる中で，絵本
や物語などに親しみながら，豊かな言葉

や表現を身に付け，経験したことや考え
たことなどを言葉で伝えたり，相手の話
を注意して聞いたりし，言葉による伝え
合いを楽しむようになる。

(10)　豊かな感性と表現

　心を動かす出来事などに触れ感性を働
かせる中で，様々な素材の特徴や表現の
仕方などに気付き，感じたことや考えた
ことを自分で表現したり，友達同士で表
現する過程を楽しんだりし，表現する喜
びを味わい，意欲をもつようになる。

第3　教育課程の役割と編成等

1　教育課程の役割

　各幼稚園においては，教育基本法及び学
校教育法その他の法令並びにこの幼稚園教
育要領の示すところに従い，創意工夫を生
かし，幼児の心身の発達と幼稚園及び地域
の実態に即応した適切な教育課程を編成す
るものとする。

　また，各幼稚園においては，6に示す全
体的な計画にも留意しながら，「幼児期の
終わりまでに育ってほしい姿」を踏まえ教
育課程を編成すること，教育課程の実施状
況を評価してその改善を図っていくこと，
教育課程の実施に必要な人的又は物的な体
制を確保するとともにその改善を図ってい
くことなどを通して，教育課程に基づき組
織的かつ計画的に各幼稚園の教育活動の質
の向上を図っていくこと（以下「カリキュ
ラム・マネジメント」という。）に努める
ものとする。

2　各幼稚園の教育目標と教育課程の編成

　教育課程の編成に当たっては，幼稚園教
育において育みたい資質・能力を踏まえつ
つ，各幼稚園の教育目標を明確にするとと
もに，教育課程の編成についての基本的な
方針が家庭や地域とも共有されるよう努め
るものとする。

3　教育課程の編成上の基本的事項

(1)　幼稚園生活の全体を通して第2章に示
すねらいが総合的に達成されるよう，教
育課程に係る教育期間や幼児の生活経験
や発達の過程などを考慮して具体的なね
らいと内容を組織するものとする。この
場合においては，特に，自我が芽生え，

他者の存在を意識し，自己を抑制しよう
とする気持ちが生まれる幼児期の発達の
特性を踏まえ，入園から修了に至るまで
の長期的な視野をもって充実した生活が
展開できるように配慮するものとする。

(2)　幼稚園の毎学年の教育課程に係る教育
週数は，特別の事情のある場合を除き，
39週を下ってはならない。

(3)　幼稚園の1日の教育課程に係る教育時
間は，4時間を標準とする。ただし，幼
児の心身の発達の程度や季節などに適切
に配慮するものとする。

4　教育課程の編成上の留意事項

　教育課程の編成に当たっては，次の事項
に留意するものとする。

(1)　幼児の生活は，入園当初の一人一人の
遊びや教師との触れ合いを通して幼稚園
生活に親しみ，安定していく時期から，
他の幼児との関わりの中で幼児の主体的
な活動が深まり，幼児が互いに必要な存
在であることを認識するようになり，や
がて幼児同士や学級全体で目的をもって
協同して幼稚園生活を展開し，深めてい
く時期などに至るまでの過程を様々に経
ながら広げられていくものであることを
考慮し，活動がそれぞれの時期にふさわ
しく展開されるようにすること。

(2)　入園当初，特に，3歳児の入園につい
ては，家庭との連携を緊密にし，生活の
リズムや安全面に十分配慮すること。ま
た，満3歳児については，学年の途中か
ら入園することを考慮し，幼児が安心し
て幼稚園生活を過ごすことができるよう
配慮すること。

(3)　幼稚園生活が幼児にとって安全なもの
となるよう，教職員による協力体制の
下，幼児の主体的な活動を大切にしつ
つ，園庭や園舎などの環境の配慮や指導
の工夫を行うこと。

5　小学校教育との接続に当たっての留意事項

(1)　幼稚園においては，幼稚園教育が，小
学校以降の生活や学習の基盤の育成につ
ながることに配慮し，幼児期にふさわし
い生活を通して，創造的な思考や主体的
な生活態度などの基礎を培うようにする
ものとする。

(2)　幼稚園教育において育まれた資質・能力を踏まえ，小学校教育が円滑に行われるよう，小学校の教師との意見交換や合同の研究の機会などを設け，「幼児期の終わりまでに育ってほしい姿」を共有するなど連携を図り，幼稚園教育と小学校教育との円滑な接続を図るよう努めるものとする。

6　全体的な計画の作成

各幼稚園においては，教育課程を中心に，第3章に示す教育課程に係る教育時間の終了後等に行う教育活動の計画，学校保健計画，学校安全計画などとを関連させ，一体的に教育活動が展開されるよう全体的な計画を作成するものとする。

第4　指導計画の作成と幼児理解に基づいた評価

1　指導計画の考え方

幼稚園教育は，幼児が自ら意欲をもって環境と関わることによりつくり出される具体的な活動を通して，その目標の達成を図るものである。

幼稚園においてはこのことを踏まえ，幼児期にふさわしい生活が展開され，適切な指導が行われるよう，それぞれの幼稚園の教育課程に基づき，調和のとれた組織的，発展的な指導計画を作成し，幼児の活動に沿った柔軟な指導を行わなければならない。

2　指導計画の作成上の基本的事項

(1)　指導計画は，幼児の発達に即して一人一人の幼児が幼児期にふさわしい生活を展開し，必要な体験を得られるようにするために，具体的に作成するものとする。

(2)　指導計画の作成に当たっては，次に示すところにより，具体的なねらい及び内容を明確に設定し，適切な環境を構成することなどにより活動が選択・展開されるようにするものとする。

　ア　具体的なねらい及び内容は，幼稚園生活における幼児の発達の過程を見通し，幼児の生活の連続性，季節の変化などを考慮して，幼児の興味や関心，発達の実情などに応じて設定すること。

　イ　環境は，具体的なねらいを達成する

ために適切なものとなるように構成し，幼児が自らその環境に関わることにより様々な活動を展開しつつ必要な体験を得られるようにすること。その際，幼児の生活する姿や発想を大切にし，常にその環境が適切なものとなるようにすること。

　ウ　幼児の行う具体的な活動は，生活の流れの中で様々に変化するものであることに留意し，幼児が望ましい方向に向かって自ら活動を展開していくことができるよう必要な援助をすること。

その際，幼児の実態及び幼児を取り巻く状況の変化などに即して指導の過程についての評価を適切に行い，常に指導計画の改善を図るものとする。

3　指導計画の作成上の留意事項

指導計画の作成に当たっては，次の事項に留意するものとする。

(1)　長期的に発達を見通した年，学期，月などにわたる長期の指導計画やこれとの関連を保ちながらより具体的な幼児の生活に即した週，日などの短期の指導計画を作成し，適切な指導が行われるようにすること。特に，週，日などの短期の指導計画については，幼児の生活のリズムに配慮し，幼児の意識や興味の連続性のある活動が相互に関連して幼稚園生活の自然な流れの中に組み込まれるようにすること。

(2)　幼児が様々な人やものとの関わりを通して，多様な体験をし，心身の調和のとれた発達を促すようにしていくこと。その際，幼児の発達に即して主体的・対話的で深い学びが実現するようにするとともに，心を動かされる体験が次の活動を生み出すことを考慮し，一つ一つの体験が相互に結び付き，幼稚園生活が充実するようにすること。

(3)　言語に関する能力の発達と思考力等の発達が関連していることを踏まえ，幼稚園生活全体を通して，幼児の発達を踏まえた言語環境を整え，言語活動の充実を図ること。

(4)　幼児が次の活動への期待や意欲をもつ

ことができるよう，幼児の実態を踏まえ
ながら，教師や他の幼児と共に遊びや生
活の中で見通しをもったり，振り返った
りするよう工夫すること。
(5)　行事の指導に当たっては，幼稚園生活
の自然の流れの中で生活に変化や潤いを
与え，幼児が主体的に楽しく活動できる
ようにすること。なお，それぞれの行事
についてはその教育的価値を十分検討
し，適切なものを精選し，幼児の負担に
ならないようにすること。
(6)　幼児期は直接的な体験が重要であるこ
とを踏まえ，視聴覚教材やコンピュータ
など情報機器を活用する際には，幼稚園
生活では得難い体験を補完するなど，幼
児の体験との関連を考慮すること。
(7)　幼児の主体的な活動を促すためには，
教師が多様な関わりをもつことが重要で
あることを踏まえ，教師は，理解者，共
同作業者など様々な役割を果たし，幼児
の発達に必要な豊かな体験が得られるよ
う，活動の場面に応じて，適切な指導を
行うようにすること。
(8)　幼児の行う活動は，個人，グループ，
学級全体などで多様に展開されるもので
あることを踏まえ，幼稚園全体の教師に
よる協力体制を作りながら，一人一人の
幼児が興味や欲求を十分に満足させるよ
う適切な援助を行うようにすること。

4　幼児理解に基づいた評価の実施

幼児一人一人の発達の理解に基づいた評
価の実施に当たっては，次の事項に配慮す
るものとする。
(1)　指導の過程を振り返りながら幼児の理
解を進め，幼児一人一人のよさや可能性
などを把握し，指導の改善に生かすよう
にすること。その際，他の幼児との比較
や一定の基準に対する達成度についての
評定によって捉えるものではないことに
留意すること。
(2)　評価の妥当性や信頼性が高められるよ
う創意工夫を行い，組織的かつ計画的な
取組を推進するとともに，次年度又は小
学校等にその内容が適切に引き継がれる
ようにすること。

第5　特別な配慮を必要とする幼児への指導

1　障害のある幼児などへの指導

障害のある幼児などへの指導に当たって
は，集団の中で生活することを通して全体
的な発達を促していくことに配慮し，特別
支援学校などの助言又は援助を活用しつ
つ，個々の幼児の障害の状態などに応じた
指導内容や指導方法の工夫を組織的かつ計
画的に行うものとする。また，家庭，地域
及び医療や福祉，保健等の業務を行う関係
機関との連携を図り，長期的な視点で幼児
への教育的支援を行うために，個別の教育
支援計画を作成し活用することに努めると
ともに，個々の幼児の実態を的確に把握
し，個別の指導計画を作成し活用すること
に努めるものとする。

**2　海外から帰国した幼児や生活に必要な日
本語の習得に困難のある幼児の幼稚園生活
への適応**

海外から帰国した幼児や生活に必要な日
本語の習得に困難のある幼児については，
安心して自己を発揮できるよう配慮するな
ど個々の幼児の実態に応じ，指導内容や指
導方法の工夫を組織的かつ計画的に行うも
のとする。

第6　幼稚園運営上の留意事項

1　各幼稚園においては，園長の方針の下
に，園務分掌に基づき教職員が適切に役割
を分担しつつ，相互に連携しながら，教育
課程や指導の改善を図るものとする。ま
た，各幼稚園が行う学校評価については，
教育課程の編成，実施，改善が教育活動や
幼稚園運営の中核となることを踏まえ，カ
リキュラム・マネジメントと関連付けなが
ら実施するよう留意するものとする。
2　幼児の生活は，家庭を基盤として地域社
会を通じて次第に広がりをもつものである
ことに留意し，家庭との連携を十分に図る
など，幼稚園における生活が家庭や地域社
会と連続性を保ちつつ展開されるようにす
るものとする。その際，地域の自然，高齢
者や異年齢の子供などを含む人材，行事や
公共施設などの地域の資源を積極的に活用
し，幼児が豊かな生活体験を得られるよう
に工夫するものとする。また，家庭との連

携に当たっては，保護者との情報交換の機会を設けたり，保護者と幼児との活動の機会を設けたりなどすることを通じて，保護者の幼児期の教育に関する理解が深まるよう配慮するものとする。

3　地域や幼稚園の実態等により，幼稚園間に加え，保育所，幼保連携型認定こども園，小学校，中学校，高等学校及び特別支援学校などとの間の連携や交流を図るものとする。特に，幼稚園教育と小学校教育の円滑な接続のため，幼稚園の幼児と小学校の児童との交流の機会を積極的に設けるようにするものとする。また，障害のある幼児児童生徒との交流及び共同学習の機会を

設け，共に尊重し合いながら協働して生活していく態度を育むよう努めるものとする。

第7　教育課程に係る教育時間終了後等に行う教育活動など

　幼稚園は，第3章に示す教育課程に係る教育時間の終了後等に行う教育活動について，学校教育法に規定する目的及び目標並びにこの章の第1に示す幼稚園教育の基本を踏まえ実施するものとする。また，幼稚園の目的の達成に資するため，幼児の生活全体が豊かなものとなるよう家庭や地域における幼児期の教育の支援に努めるものとする。

保育所保育指針 第1章

第1章　総　則

　この指針は，児童福祉施設の設備及び運営に関する基準（昭和23年厚生省令第63号。以下「設備運営基準」という。）第35条の規定に基づき，保育所における保育の内容に関する事項及びこれに関連する運営に関する事項を定めるものである。各保育所は，この指針において規定される保育の内容に係る基本原則に関する事項等を踏まえ，各保育所の実情に応じて創意工夫を図り，保育所の機能及び質の向上に努めなければならない。

1　保育所保育に関する基本原則
　(1)　保育所の役割
　　ア　保育所は，児童福祉法（昭和22年法律第164号）第39条の規定に基づき，保育を必要とする子どもの保育を行い，その健全な心身の発達を図ることを目的とする児童福祉施設であり，入所する子どもの最善の利益を考慮し，その福祉を積極的に増進することに最もふさわしい生活の場でなければならない。

　　イ　保育所は，その目的を達成するために，保育に関する専門性を有する職員が，家庭との緊密な連携の下に，子どもの状況や発達過程を踏まえ，保育所における環境を通して，養護及び教育を一体的に行うことを特性としている。
　　ウ　保育所は，入所する子どもを保育するとともに，家庭や地域の様々な社会資源との連携を図りながら，入所する子どもの保護者に対する支援及び地域の子育て家庭に対する支援等を行う役割を担うものである。
　　エ　保育所における保育士は，児童福祉法第18条の4の規定を踏まえ，保育所の役割及び機能が適切に発揮されるように，倫理観に裏付けられた専門的知識，技術及び判断をもって，子どもを保育するとともに，子どもの保護者に対する保育に関する指導を行うものであり，その職責を遂行するための専門性の向上に絶えず努めなければならない。
　(2)　保育の目標
　　ア　保育所は，子どもが生涯にわたる人間形成にとって極めて重要な時期に，その

生活時間の大半を過ごす場である。このため，保育所の保育は，子どもが現在を最も良く生き，望ましい未来をつくり出す力の基礎を培うために，次の目標を目指して行わなければならない。

(ｱ)　十分に養護の行き届いた環境の下に，くつろいだ雰囲気の中で子どもの様々な欲求を満たし，生命の保持及び情緒の安定を図ること。

(ｲ)　健康，安全など生活に必要な基本的な習慣や態度を養い，心身の健康の基礎を培うこと。

(ｳ)　人との関わりの中で，人に対する愛情と信頼感，そして人権を大切にする心を育てるとともに，自主，自立及び協調の態度を養い，道徳性の芽生えを培うこと。

(ｴ)　生命，自然及び社会の事象についての興味や関心を育て，それらに対する豊かな心情や思考力の芽生えを培うこと。

(ｵ)　生活の中で，言葉への興味や関心を育て，話したり，聞いたり，相手の話を理解しようとするなど，言葉の豊かさを養うこと。

(ｶ)　様々な体験を通して，豊かな感性や表現力を育み，創造性の芽生えを培うこと。

イ　保育所は，入所する子どもの保護者に対し，その意向を受け止め，子どもと保護者の安定した関係に配慮し，保育所の特性や保育士等の専門性を生かして，その援助に当たらなければならない。

(3)　**保育の方法**

保育の目標を達成するために，保育士等は，次の事項に留意して保育しなければならない。

ア　一人一人の子どもの状況や家庭及び地域社会での生活の実態を把握するとともに，子どもが安心感と信頼感をもって活動できるよう，子どもの主体としての思いや願いを受け止めること。

イ　子どもの生活のリズムを大切にし，健康，安全で情緒の安定した生活ができる環境や，自己を十分に発揮できる環境を整えること。

ウ　子どもの発達について理解し，一人一人の発達過程に応じて保育すること。その際，子どもの個人差に十分配慮すること。

エ　子ども相互の関係づくりや互いに尊重する心を大切にし，集団における活動を効果あるものにするよう援助すること。

オ　子どもが自発的・意欲的に関われるような環境を構成し，子どもの主体的な活動や子ども相互の関わりを大切にすること。特に，乳幼児期にふさわしい体験が得られるように，生活や遊びを通して総合的に保育すること。

カ　一人一人の保護者の状況やその意向を理解，受容し，それぞれの親子関係や家庭生活等に配慮しながら，様々な機会をとらえ，適切に援助すること。

(4)　**保育の環境**

保育の環境には，保育士等や子どもなどの人的環境，施設や遊具などの物的環境，更には自然や社会の事象などがある。保育所は，こうした人，物，場などの環境が相互に関連し合い，子どもの生活が豊かなものとなるよう，次の事項に留意しつつ，計画的に環境を構成し，工夫して保育しなければならない。

ア　子ども自らが環境に関わり，自発的に活動し，様々な経験を積んでいくことができるよう配慮すること。

イ　子どもの活動が豊かに展開されるよう，保育所の設備や環境を整え，保育所の保健的環境や安全の確保などに努めること。

ウ　保育室は，温かな親しみとくつろぎの場となるとともに，生き生きと活動できる場となるように配慮すること。

エ　子どもが人と関わる力を育てていくため，子ども自らが周囲の子どもや大人と関わっていくことができる環境を整えること。

(5)　**保育所の社会的責任**

ア　保育所は，子どもの人権に十分配慮するとともに，子ども一人一人の人格を尊重して保育を行わなければならない。

イ　保育所は，地域社会との交流や連携を図り，保護者や地域社会に，当該保育所

が行う保育の内容を適切に説明するよう努めなければならない。

ウ　保育所は，入所する子ども等の個人情報を適切に取り扱うとともに，保護者の苦情などに対し，その解決を図るよう努めなければならない。

2　養護に関する基本的事項

(1)　養護の理念

保育における養護とは，子どもの生命の保持及び情緒の安定を図るために保育士等が行う援助や関わりであり，保育所における保育は，養護及び教育を一体的に行うことをその特性とするものである。保育所における保育全体を通じて，養護に関するねらい及び内容を踏まえた保育が展開されなければならない。

(2)　養護に関わるねらい及び内容

ア　生命の保持

(ア)　ねらい

① 一人一人の子どもが，快適に生活できるようにする。

② 一人一人の子どもが，健康で安全に過ごせるようにする。

③ 一人一人の子どもの生理的欲求が，十分に満たされるようにする。

④ 一人一人の子どもの健康増進が，積極的に図られるようにする。

(イ)　内容

① 一人一人の子どもの平常の健康状態や発育及び発達状態を的確に把握し，異常を感じる場合は，速やかに適切に対応する。

② 家庭との連携を密にし，嘱託医等との連携を図りながら，子どもの疾病や事故防止に関する認識を深め，保健的で安全な保育環境の維持及び向上に努める。

③ 清潔で安全な環境を整え，適切な援助や応答的な関わりを通して子どもの生理的欲求を満たしていく。また，家庭と協力しながら，子どもの発達過程等に応じた適切な生活のリズムがつくられていくようにする。

④ 子どもの発達過程等に応じて，適度な運動と休息を取ることができる

ようにする。また，食事，排泄，衣類の着脱，身の回りを清潔にすることなどについて，子どもが意欲的に生活できるよう適切に援助する。

イ　情緒の安定

(ア)　ねらい

① 一人一人の子どもが，安定感をもって過ごせるようにする。

② 一人一人の子どもが，自分の気持ちを安心して表すことができるようにする。

③ 一人一人の子どもが，周囲から主体として受け止められ，主体として育ち，自分を肯定する気持ちが育まれていくようにする。

④ 一人一人の子どもがくつろいで共に過ごし，心身の疲れが癒されるようにする。

(イ)　内容

① 一人一人の子どもの置かれている状態や発達過程などを的確に把握し，子どもの欲求を適切に満たしながら，応答的な触れ合いや言葉がけを行う。

② 一人一人の子どもの気持ちを受容し，共感しながら，子どもとの継続的な信頼関係を築いていく。

③ 保育士等との信頼関係を基盤に，一人一人の子どもが主体的に活動し，自発性や探索意欲などを高めるとともに，自分への自信をもつことができるよう成長の過程を見守り，適切に働きかける。

④ 一人一人の子どもの生活のリズム，発達過程，保育時間などに応じて，活動内容のバランスや調和を図りながら，適切な食事や休息が取れるようにする。

3　保育の計画及び評価

(1)　全体的な計画の作成

ア　保育所は，1の(2)に示した保育の目標を達成するために，各保育所の保育の方針や目標に基づき，子どもの発達過程を踏まえて，保育の内容が組織的・計画的に構成され，保育所の生活の全体を通し

て，総合的に展開されるよう，全体的な計画を作成しなければならない。

イ　全体的な計画は，子どもや家庭の状況，地域の実態，保育時間などを考慮し，子どもの育ちに関する長期的見通しをもって適切に作成されなければならない。

ウ　全体的な計画は，保育所保育の全体像を包括的に示すものとし，これに基づく指導計画，保健計画，食育計画等を通じて，各保育所が創意工夫して保育できるよう，作成されなければならない。

(2) 指導計画の作成

ア　保育所は，全体的な計画に基づき，具体的な保育が適切に展開されるよう，子どもの生活や発達を見通した長期的な指導計画と，それに関連しながら，より具体的な子どもの日々の生活に即した短期的な指導計画を作成しなければならない。

イ　指導計画の作成に当たっては，第2章及びその他の関連する章に示された事項のほか，子ども一人一人の発達過程や状況を十分に踏まえるとともに，次の事項に留意しなければならない。

(ｱ)　3歳未満児については，一人一人の子どもの生育歴，心身の発達，活動の実態等に即して，個別的な計画を作成すること。

(ｲ)　3歳以上児については，個の成長と，子ども相互の関係や協同的な活動が促されるよう配慮すること。

(ｳ)　異年齢で構成される組やグループでの保育においては，一人一人の子どもの生活や経験，発達過程などを把握し，適切な援助や環境構成ができるよう配慮すること。

ウ　指導計画においては，保育所の生活における子どもの発達過程を見通し，生活の連続性，季節の変化などを考慮し，子どもの実態に即した具体的なねらい及び内容を設定すること。また，具体的なねらいが達成されるよう，子どもの生活する姿や発想を大切にして適切な環境を構成し，子どもが主体的に活動できるようにすること。

エ　一日の生活のリズムや在園時間が異なる子どもが共に過ごすことを踏まえ，活動と休息，緊張感と解放感等の調和を図るよう配慮すること。

オ　午睡は生活のリズムを構成する重要な要素であり，安心して眠ることのできる安全な睡眠環境を確保するとともに，在園時間が異なることや，睡眠時間は子どもの発達の状況や個人によって差があることから，一律とならないよう配慮すること。

カ　長時間にわたる保育については，子どもの発達過程，生活のリズム及び心身の状態に十分配慮して，保育の内容や方法，職員の協力体制，家庭との連携などを指導計画に位置付けること。

キ　障害のある子どもの保育については，一人一人の子どもの発達過程や障害の状態を把握し，適切な環境の下で，障害のある子どもが他の子どもとの生活を通して共に成長できるよう，指導計画の中に位置付けること。また，子どもの状況に応じた保育を実施する観点から，家庭や関係機関と連携した支援のための計画を個別に作成するなど適切な対応を図ること。

(3) 指導計画の展開

指導計画に基づく保育の実施に当たっては，次の事項に留意しなければならない。

ア　施設長，保育士など，全職員による適切な役割分担と協力体制を整えること。

イ　子どもが行う具体的な活動は，生活の中で様々に変化することに留意して，子どもが望ましい方向に向かって自ら活動を展開できるよう必要な援助を行うこと。

ウ　子どもの主体的な活動を促すためには，保育士等が多様な関わりをもつことが重要であることを踏まえ，子どもの情緒の安定や発達に必要な豊かな体験が得られるよう援助すること。

エ　保育士等は，子どもの実態や子どもを取り巻く状況の変化などに即して保育の過程を記録するとともに，これらを踏まえ，指導計画に基づく保育の内容の見直しを行い，改善を図ること。

(4) 保育内容等の評価
　ア　保育士等の自己評価
　　(ア)　保育士等は，保育の計画や保育の記録を通して，自らの保育実践を振り返り，自己評価することを通して，その専門性の向上や保育実践の改善に努めなければならない。
　　(イ)　保育士等による自己評価に当たっては，子どもの活動内容やその結果だけでなく，子どもの心の育ちや意欲，取り組む過程などにも十分配慮するよう留意すること。
　　(ウ)　保育士等は，自己評価における自らの保育実践の振り返りや職員相互の話し合い等を通じて，専門性の向上及び保育の質の向上のための課題を明確にするとともに，保育所全体の保育の内容に関する認識を深めること。
　イ　保育所の自己評価
　　(ア)　保育所は，保育の質の向上を図るため，保育の計画の展開や保育士等の自己評価を踏まえ，当該保育所の保育の内容等について，自ら評価を行い，その結果を公表するよう努めなければならない。
　　(イ)　保育所が自己評価を行うに当たっては，地域の実情や保育所の実態に即して，適切に評価の観点や項目等を設定し，全職員による共通理解をもって取り組むよう留意すること。
　　(ウ)　設備運営基準第36条の趣旨を踏まえ，保育の内容等の評価に関し，保護者及び地域住民等の意見を聴くことが望ましいこと。
(5) 評価を踏まえた計画の改善
　ア　保育所は，評価の結果を踏まえ，当該保育所の保育の内容等の改善を図ること。
　イ　保育の計画に基づく保育，保育の内容の評価及びこれに基づく改善という一連の取組により，保育の質の向上が図られるよう，全職員が共通理解をもって取り組むことに留意すること。

4　幼児教育を行う施設として共有すべき事項
　(1) 育みたい資質・能力
　　ア　保育所においては，生涯にわたる生きる力の基礎を培うため，１の(2)に示す保育の目標を踏まえ，次に掲げる資質・能力を一体的に育むよう努めるものとする。
　　　(ア)　豊かな体験を通じて，感じたり，気付いたり，分かったり，できるようになったりする「知識及び技能の基礎」
　　　(イ)　気付いたことや，できるようになったことなどを使い，考えたり，試したり，工夫したり，表現したりする「思考力，判断力，表現力等の基礎」
　　　(ウ)　心情，意欲，態度が育つ中で，よりよい生活を営もうとする「学びに向かう力，人間性等」
　　イ　アに示す資質・能力は，第２章に示すねらい及び内容に基づく保育活動全体によって育むものである。
　(2) 幼児期の終わりまでに育ってほしい姿
　　　次に示す「幼児期の終わりまでに育ってほしい姿」は，第２章に示すねらい及び内容に基づく保育活動全体を通して資質・能力が育まれている子どもの小学校就学時の具体的な姿であり，保育士等が指導を行う際に考慮するものである。
　　ア　健康な心と体
　　　　保育所の生活の中で，充実感をもって自分のやりたいことに向かって心と体を十分に働かせ，見通しをもって行動し，自ら健康で安全な生活をつくり出すようになる。
　　イ　自立心
　　　　身近な環境に主体的に関わり様々な活動を楽しむ中で，しなければならないことを自覚し，自分の力で行うために考えたり，工夫したりしながら，諦めずにやり遂げることで達成感を味わい，自信をもって行動するようになる。
　　ウ　協同性
　　　　友達と関わる中で，互いの思いや考えなどを共有し，共通の目的の実現に向けて，考えたり，工夫したり，協力したりし，充実感をもってやり遂げるようになる。

エ　道徳性・規範意識の芽生え

　　友達と様々な体験を重ねる中で，してよいことや悪いことが分かり，自分の行動を振り返ったり，友達の気持ちに共感したりし，相手の立場に立って行動するようになる。また，きまりを守る必要性が分かり，自分の気持ちを調整し，友達と折り合いを付けながら，きまりをつくったり，守ったりするようになる。

オ　社会生活との関わり

　　家族を大切にしようとする気持ちをもつとともに，地域の身近な人と触れ合う中で，人との様々な関わり方に気付き，相手の気持ちを考えて関わり，自分が役に立つ喜びを感じ，地域に親しみをもつようになる。また，保育所内外の様々な環境に関わる中で，遊びや生活に必要な情報を取り入れ，情報に基づき判断したり，情報を伝え合ったり，活用したりするなど，情報を役立てながら活動するようになるとともに，公共の施設を大切に利用するなどして，社会とのつながりなどを意識するようになる。

カ　思考力の芽生え

　　身近な事象に積極的に関わる中で，物の性質や仕組みなどを感じ取ったり，気付いたりし，考えたり，予想したり，工夫したりするなど，多様な関わりを楽しむようになる。また，友達の様々な考えに触れる中で，自分と異なる考えがあることに気付き，自ら判断したり，考え直したりするなど，新しい考えを生み出す喜びを味わいながら，自分の考えをより

よいものにするようになる。

キ　自然との関わり・生命尊重

　　自然に触れて感動する体験を通して，自然の変化などを感じ取り，好奇心や探究心をもって考え言葉などで表現しながら，身近な事象への関心が高まるとともに，自然への愛情や畏敬の念をもつようになる。また，身近な動植物に心を動かされる中で，生命の不思議さや尊さに気付き，身近な動植物への接し方を考え，命あるものとしていたわり，大切にする気持ちをもって関わるようになる。

ク　数量や図形，標識や文字などへの関心・感覚

　　遊びや生活の中で，数量や図形，標識や文字などに親しむ体験を重ねたり，標識や文字の役割に気付いたりし，自らの必要感に基づきこれらを活用し，興味や関心，感覚をもつようになる。

ケ　言葉による伝え合い

　　保育士等や友達と心を通わせる中で，絵本や物語などに親しみながら，豊かな言葉や表現を身に付け，経験したことや考えたことなどを言葉で伝えたり，相手の話を注意して聞いたりし，言葉による伝え合いを楽しむようになる。

コ　豊かな感性と表現

　　心を動かす出来事などに触れ感性を働かせる中で，様々な素材の特徴や表現の仕方などに気付き，感じたことや考えたことを自分で表現したり，友達同士で表現する過程を楽しんだりし，表現する喜びを味わい，意欲をもつようになる。

幼保連携型認定こども園教育・保育要領 第1章

第1章　総　則

第1　幼保連携型認定こども園における教育及び保育の基本及び目標等

1　幼保連携型認定こども園における教育及び保育の基本

　　乳幼児期の教育及び保育は，子どもの健全な心身の発達を図りつつ生涯にわたる人格形成の基礎を培う重要なものであり，幼保連携型認定こども園における教育及び保育は，就学前の子どもに関する教育，保育等の総合的な提供の推進に関する法律（平成18年法律第77号。以下「認定こども園法」という。）第2条第7項に規定する目的及び第9条に掲げる目標を達成するため，乳幼児期全体を通して，その特性及び保護者や地域の実態を踏まえ，環境を通して行うものであることを基本とし，家庭や地域での生活を含めた園児の生活全体が豊かなものとなるように努めなければならない。

　　このため保育教諭等は，園児との信頼関係を十分に築き，園児が自ら安心して身近な環境に主体的に関わり，環境との関わり方や意味に気付き，これらを取り込もうとして，試行錯誤したり，考えたりするようになる幼児期の教育における見方・考え方を生かし，その活動が豊かに展開されるよう環境を整え，園児と共によりよい教育及び保育の環境を創造するように努めるものとする。これらを踏まえ，次に示す事項を重視して教育及び保育を行わなければならない。

(1)　乳幼児期は周囲への依存を基盤にしつつ自立に向かうものであることを考慮して，周囲との信頼関係に支えられた生活の中で，園児一人一人が安心感と信頼感をもっていろいろな活動に取り組む体験を十分に積み重ねられるようにすること。

(2)　乳幼児期においては生命の保持が図られ安定した情緒の下で自己を十分に発揮することにより発達に必要な体験を得ていくものであることを考慮して，園児の主体的な活動を促し，乳幼児期にふさわしい生活が展開されるようにすること。

(3)　乳幼児期における自発的な活動としての遊びは，心身の調和のとれた発達の基礎を培う重要な学習であることを考慮して，遊びを通しての指導を中心として第2章に示すねらいが総合的に達成されるようにすること。

(4)　乳幼児期における発達は，心身の諸側面が相互に関連し合い，多様な経過をたどって成し遂げられていくものであること，また，園児の生活経験がそれぞれ異なることなどを考慮して，園児一人一人の特性や発達の過程に応じ，発達の課題に即した指導を行うようにすること。

　　その際，保育教諭等は，園児の主体的な活動が確保されるよう，園児一人一人の行動の理解と予想に基づき，計画的に環境を構成しなければならない。この場合において，保育教諭等は，園児と人やものとの関わりが重要であることを踏まえ，教材を工夫し，物的・空間的環境を構成しなければならない。また，園児一人一人の活動の場面に応じて，様々な役割を果たし，その活動を豊かにしなければならない。

　　なお，幼保連携型認定こども園における教育及び保育は，園児が入園してから修了するまでの在園期間全体を通して行われるものであり，この章の第3に示す幼保連携型認定こども園として特に配慮すべき事項を十分に踏まえて行うものとする。

2　幼保連携型認定こども園における教育及び保育の目標

　　幼保連携型認定こども園は，家庭との連携を図りながら，この章の第1の1に示す幼保連携型認定こども園における教育及び保育の基本に基づいて一体的に展開される

幼保連携型認定こども園における生活を通して，生きる力の基礎を育成するよう認定こども園法第9条に規定する幼保連携型認定こども園の教育及び保育の目標の達成に努めなければならない。幼保連携型認定こども園は，このことにより，義務教育及びその後の教育の基礎を培うとともに，子どもの最善の利益を考慮しつつ，その生活を保障し，保護者と共に園児を心身ともに健やかに育成するものとする。

　なお，認定こども園法第9条に規定する幼保連携型認定こども園の教育及び保育の目標については，発達や学びの連続性及び生活の連続性の観点から，小学校就学の始期に達するまでの時期を通じ，その達成に向けて努力すべき目当てとなるものであることから，満3歳未満の園児の保育にも当てはまることに留意するものとする。

3　幼保連携型認定こども園の教育及び保育において育みたい資質・能力及び「幼児期の終わりまでに育ってほしい姿」

(1)　幼保連携型認定こども園においては，生きる力の基礎を育むため，この章の1に示す幼保連携型認定こども園の教育及び保育の基本を踏まえ，次に掲げる資質・能力を一体的に育むよう努めるものとする。

　　ア　豊かな体験を通じて，感じたり，気付いたり，分かったり，できるようになったりする「知識及び技能の基礎」
　　イ　気付いたことや，できるようになったことなどを使い，考えたり，試したり，工夫したり，表現したりする「思考力，判断力，表現力等の基礎」
　　ウ　心情，意欲，態度が育つ中で，よりよい生活を営もうとする「学びに向かう力，人間性等」

(2)　(1)に示す資質・能力は，第2章に示すねらい及び内容に基づく活動全体によって育むものである。

(3)　次に示す「幼児期の終わりまでに育ってほしい姿」は，第2章に示すねらい及び内容に基づく活動全体を通して資質・能力が育まれている園児の幼保連携型認定こども園修了時の具体的な姿であり，保育教諭等が指導を行う際に考慮するものである。

　ア　健康な心と体
　　　幼保連携型認定こども園における生活の中で，充実感をもって自分のやりたいことに向かって心と体を十分に働かせ，見通しをもって行動し，自ら健康で安全な生活をつくり出すようになる。
　イ　自立心
　　　身近な環境に主体的に関わり様々な活動を楽しむ中で，しなければならないことを自覚し，自分の力で行うために考えたり，工夫したりしながら，諦めずにやり遂げることで達成感を味わい，自信をもって行動するようになる。
　ウ　協同性
　　　友達と関わる中で，互いの思いや考えなどを共有し，共通の目的の実現に向けて，考えたり，工夫したり，協力したりし，充実感をもってやり遂げるようになる。
　エ　道徳性・規範意識の芽生え
　　　友達と様々な体験を重ねる中で，してよいことや悪いことが分かり，自分の行動を振り返ったり，友達の気持ちに共感したりし，相手の立場に立って行動するようになる。また，きまりを守る必要性が分かり，自分の気持ちを調整し，友達と折り合いを付けながら，きまりをつくったり，守ったりするようになる。
　オ　社会生活との関わり
　　　家族を大切にしようとする気持ちをもつとともに，地域の身近な人と触れ合う中で，人との様々な関わり方に気付き，相手の気持ちを考えて関わり，自分が役に立つ喜びを感じ，地域に親しみをもつようになる。また，幼保連携型認定こども園内外の様々な環境に関わる中で，遊びや生活に必要な情報を取り入れ，情報に基づき判断したり，情報を伝え合ったり，活用したりするなど，情報を役立てながら活動するようになるとともに，公共の施設を大切に利用するなどして，社会とのつ

ながりなどを意識するようになる。

カ　思考力の芽生え

　身近な事象に積極的に関わる中で，物の性質や仕組みなどを感じ取ったり，気付いたりし，考えたり，予想したり，工夫したりするなど，多様な関わりを楽しむようになる。また，友達の様々な考えに触れる中で，自分と異なる考えがあることに気付き，自ら判断したり，考え直したりするなど，新しい考えを生み出す喜びを味わいながら，自分の考えをよりよいものにするようになる。

キ　自然との関わり・生命尊重

　自然に触れて感動する体験を通して，自然の変化などを感じ取り，好奇心や探究心をもって考え言葉などで表現しながら，身近な事象への関心が高まるとともに，自然への愛情や畏敬の念をもつようになる。また，身近な動植物に心を動かされる中で，生命の不思議さや尊さに気付き，身近な動植物への接し方を考え，命あるものとしていたわり，大切にする気持ちをもって関わるようになる。

ク　数量や図形，標識や文字などへの関心・感覚

　遊びや生活の中で，数量や図形，標識や文字などに親しむ体験を重ねたり，標識や文字の役割に気付いたりし，自らの必要感に基づきこれらを活用し，興味や関心，感覚をもつようになる。

ケ　言葉による伝え合い

　保育教諭等や友達と心を通わせる中で，絵本や物語などに親しみながら，豊かな言葉や表現を身に付け，経験したことや考えたことなどを言葉で伝えたり，相手の話を注意して聞いたりし，言葉による伝え合いを楽しむようになる。

コ　豊かな感性と表現

　心を動かす出来事などに触れ感性を働かせる中で，様々な素材の特徴や表現の仕方などに気付き，感じたことや考えたことを自分で表現したり，友達

同士で表現する過程を楽しんだりし，表現する喜びを味わい，意欲をもつようになる。

第2　教育及び保育の内容並びに子育ての支援等に関する全体的な計画等

1　教育及び保育の内容並びに子育ての支援等に関する全体的な計画の作成等

(1)　教育及び保育の内容並びに子育ての支援等に関する全体的な計画の役割

　各幼保連携型認定こども園においては，教育基本法（平成18年法律第120号），児童福祉法（昭和22年法律第164号）及び認定こども園法その他の法令並びにこの幼保連携型認定こども園教育・保育要領の示すところに従い，教育と保育を一体的に提供するため，創意工夫を生かし，園児の心身の発達と幼保連携型認定こども園，家庭及び地域の実態に即応した適切な教育及び保育の内容並びに子育ての支援等に関する全体的な計画を作成するものとする。

　教育及び保育の内容並びに子育ての支援等に関する全体的な計画とは，教育と保育を一体的に捉え，園児の入園から修了までの在園期間の全体にわたり，幼保連携型認定こども園の目標に向かってどのような過程をたどって教育及び保育を進めていくかを明らかにするものであり，子育ての支援と有機的に連携し，園児の園生活全体を捉え，作成する計画である。

　各幼保連携型認定こども園においては，「幼児期の終わりまでに育ってほしい姿」を踏まえ教育及び保育の内容並びに子育ての支援等に関する全体的な計画を作成すること，その実施状況を評価して改善を図っていくこと，また実施に必要な人的又は物的な体制を確保するとともにその改善を図っていくことなどを通して，教育及び保育の内容並びに子育ての支援等に関する全体的な計画に基づき組織的かつ計画的に各幼保連携型認定こども園の教育及び保育活動の質の向上を図っていくこと（以下「カリキュラム・マネジメント」という。）に努めるもの

とする。

(2)　各幼保連携型認定こども園の教育及び保育の目標と教育及び保育の内容並びに子育ての支援等に関する全体的な計画の作成

　　教育及び保育の内容並びに子育ての支援等に関する全体的な計画の作成に当たっては，幼保連携型認定こども園の教育及び保育において育みたい資質・能力を踏まえつつ，各幼保連携型認定こども園の教育及び保育の目標を明確にするとともに，教育及び保育の内容並びに子育ての支援等に関する全体的な計画の作成についての基本的な方針が家庭や地域とも共有されるよう努めるものとする。

(3)　教育及び保育の内容並びに子育ての支援等に関する全体的な計画の作成上の基本的事項

　ア　幼保連携型認定こども園における生活の全体を通して第2章に示すねらいが総合的に達成されるよう，教育課程に係る教育期間や園児の生活経験や発達の過程などを考慮して具体的なねらいと内容を組織するものとする。この場合においては，特に，自我が芽生え，他者の存在を意識し，自己を抑制しようとする気持ちが生まれるなどの乳幼児期の発達の特性を踏まえ，入園から修了に至るまでの長期的な視野をもって充実した生活が展開できるように配慮するものとする。

　イ　幼保連携型認定こども園の満3歳以上の園児の教育課程に係る教育週数は，特別の事情のある場合を除き，39週を下ってはならない。

　ウ　幼保連携型認定こども園の1日の教育課程に係る教育時間は，4時間を標準とする。ただし，園児の心身の発達の程度や季節などに適切に配慮するものとする。

　エ　幼保連携型認定こども園の保育を必要とする子どもに該当する園児に対する教育及び保育の時間（満3歳以上の保育を必要とする子どもに該当する園児については，この章の第2の1の(3)ウに規定する教育時間を含む。）は，

1日につき8時間を原則とし，園長がこれを定める。ただし，その地方における園児の保護者の労働時間その他家庭の状況等を考慮するものとする。

(4)　教育及び保育の内容並びに子育ての支援等に関する全体的な計画の実施上の留意事項

　　各幼保連携型認定こども園においては，園長の方針の下に，園務分掌に基づき保育教諭等職員が適切に役割を分担しつつ，相互に連携しながら，教育及び保育の内容並びに子育ての支援等に関する全体的な計画や指導の改善を図るものとする。また，各幼保連携型認定こども園が行う教育及び保育等に係る評価については，教育及び保育の内容並びに子育ての支援等に関する全体的な計画の作成，実施，改善が教育及び保育活動や園運営の中核となることを踏まえ，カリキュラム・マネジメントと関連付けながら実施するよう留意するものとする。

(5)　小学校教育との接続に当たっての留意事項

　ア　幼保連携型認定こども園においては，その教育及び保育が，小学校以降の生活や学習の基盤の育成につながることに配慮し，乳幼児期にふさわしい生活を通して，創造的な思考や主体的な生活態度などの基礎を培うようにするものとする。

　イ　幼保連携型認定こども園の教育及び保育において育まれた資質・能力を踏まえ，小学校教育が円滑に行われるよう，小学校の教師との意見交換や合同の研究の機会などを設け，「幼児期の終わりまでに育ってほしい姿」を共有するなど連携を図り，幼保連携型認定こども園における教育及び保育と小学校教育との円滑な接続を図るよう努めるものとする。

2　指導計画の作成と園児の理解に基づいた評価

(1)　指導計画の考え方

　　幼保連携型認定こども園における教育及び保育は，園児が自ら意欲をもって環境と関わることによりつくり出される具

体的な活動を通して，その目標の達成を
図るものである。
　幼保連携型認定こども園においてはこ
のことを踏まえ，乳幼児期にふさわしい
生活が展開され，適切な指導が行われる
よう，調和のとれた組織的，発展的な指
導計画を作成し，園児の活動に沿った柔
軟な指導を行わなければならない。

(2) 指導計画の作成上の基本的事項
　ア　指導計画は，園児の発達に即して園
　　児一人一人が乳幼児期にふさわしい生
　　活を展開し，必要な体験を得られるよ
　　うにするために，具体的に作成するも
　　のとする。
　イ　指導計画の作成に当たっては，次に
　　示すところにより，具体的なねらい及
　　び内容を明確に設定し，適切な環境を
　　構成することなどにより活動が選択・
　　展開されるようにするものとする。
　　(ア)　具体的なねらい及び内容は，幼保
　　　連携型認定こども園の生活における
　　　園児の発達の過程を見通し，園児の
　　　生活の連続性，季節の変化などを考
　　　慮して，園児の興味や関心，発達の
　　　実情などに応じて設定すること。
　　(イ)　環境は，具体的なねらいを達成す
　　　るために適切なものとなるように構
　　　成し，園児が自らその環境に関わる
　　　ことにより様々な活動を展開しつつ
　　　必要な体験を得られるようにするこ
　　　と。その際，園児の生活する姿や発
　　　想を大切にし，常にその環境が適切
　　　なものとなるようにすること。
　　(ウ)　園児の行う具体的な活動は，生活
　　　の流れの中で様々に変化するもので
　　　あることに留意し，園児が望ましい
　　　方向に向かって自ら活動を展開して
　　　いくことができるよう必要な援助を
　　　すること。
　　　その際，園児の実態及び園児を取り
　　　巻く状況の変化などに即して指導の過
　　　程についての評価を適切に行い，常に
　　　指導計画の改善を図るものとする。
(3) 指導計画の作成上の留意事項
　　指導計画の作成に当たっては，次の事
　項に留意するものとする。

ア　園児の生活は，入園当初の一人一人
　の遊びや保育教諭等との触れ合いを通
　して幼保連携型認定こども園の生活に
　親しみ，安定していく時期から，他の
　園児との関わりの中で園児の主体的な
　活動が深まり，園児が互いに必要な存
　在であることを認識するようになる。
　その後，園児同士や学級全体で目的を
　もって協同して幼保連携型認定こども
　園の生活を展開し，深めていく時期な
　どに至るまでの過程を様々に経ながら
　広げられていくものである。これらを
　考慮し，活動がそれぞれの時期にふさ
　わしく展開されるようにすること。
　　また，園児の入園当初の教育及び保
　育に当たっては，既に在園している園
　児に不安や動揺を与えないようにしつ
　つ，可能な限り個別的に対応し，園児
　が安定感を得て，次第に幼保連携型認
　定こども園の生活になじんでいくよう
　配慮すること。
イ　長期的に発達を見通した年，学期，
　月などにわたる長期の指導計画やこれ
　との関連を保ちながらより具体的な園
　児の生活に即した週，日などの短期の
　指導計画を作成し，適切な指導が行わ
　れるようにすること。特に，週，日な
　どの短期の指導計画については，園児
　の生活のリズムに配慮し，園児の意識
　や興味の連続性のある活動が相互に関
　連して幼保連携型認定こども園の生活
　の自然な流れの中に組み込まれるよう
　にすること。
ウ　園児が様々な人やものとの関わりを
　通して，多様な体験をし，心身の調和
　のとれた発達を促すようにしていくこ
　と。その際，園児の発達に即して主体
　的・対話的で深い学びが実現するよう
　にするとともに，心を動かされる体験
　が次の活動を生み出すことを考慮し，
　一つ一つの体験が相互に結び付き，幼
　保連携型認定こども園の生活が充実す
　るようにすること。
エ　言語に関する能力の発達と思考力等
　の発達が関連していることを踏まえ，
　幼保連携型認定こども園における生活

全体を通して，園児の発達を踏まえた言語環境を整え，言語活動の充実を図ること。

オ　園児が次の活動への期待や意欲をもつことができるよう，園児の実態を踏まえながら，保育教諭等や他の園児と共に遊びや生活の中で見通しをもったり，振り返ったりするよう工夫すること。

カ　行事の指導に当たっては，幼保連携型認定こども園の生活の自然な流れの中で生活に変化や潤いを与え，園児が主体的に楽しく活動できるようにすること。なお，それぞれの行事については教育及び保育における価値を十分検討し，適切なものを精選し，園児の負担にならないようにすること。

キ　乳幼児期は直接的な体験が重要であることを踏まえ，視聴覚教材やコンピュータなど情報機器を活用する際には，幼保連携型認定こども園の生活では得難い体験を補完するなど，園児の体験との関連を考慮すること。

ク　園児の主体的な活動を促すためには，保育教諭等が多様な関わりをもつことが重要であることを踏まえ，保育教諭等は，理解者，共同作業者など様々な役割を果たし，園児の情緒の安定や発達に必要な豊かな体験が得られるよう，活動の場面に応じて，園児の人権や園児一人一人の個人差等に配慮した適切な指導を行うようにすること。

ケ　園児の行う活動は，個人，グループ，学級全体などで多様に展開されるものであることを踏まえ，幼保連携型認定こども園全体の職員による協力体制を作りながら，園児一人一人が興味や欲求を十分に満足させるよう適切な援助を行うようにすること。

コ　園児の生活は，家庭を基盤として地域社会を通じて次第に広がりをもつものであることに留意し，家庭との連携を十分に図るなど，幼保連携型認定こども園における生活が家庭や地域社会と連続性を保ちつつ展開されるようにするものとする。その際，地域の自然，高齢者や異年齢の子どもなどを含む人材，行事や公共施設などの地域の資源を積極的に活用し，園児が豊かな生活体験を得られるように工夫するものとする。また，家庭との連携に当たっては，保護者との情報交換の機会を設けたり，保護者と園児との活動の機会を設けたりなどすることを通じて，保護者の乳幼児期の教育及び保育に関する理解が深まるよう配慮するものとする。

サ　地域や幼保連携型認定こども園の実態等により，幼保連携型認定こども園間に加え，幼稚園，保育所等の保育施設，小学校，中学校，高等学校及び特別支援学校などとの間の連携や交流を図るものとする。特に，小学校教育との円滑な接続のため，幼保連携型認定こども園の園児と小学校の児童との交流の機会を積極的に設けるようにするものとする。また，障害のある園児児童生徒との交流及び共同学習の機会を設け，共に尊重し合いながら協働して生活していく態度を育むよう努めるものとする。

(4) 園児の理解に基づいた評価の実施

園児一人一人の発達の理解に基づいた評価の実施に当たっては，次の事項に配慮するものとする。

ア　指導の過程を振り返りながら園児の理解を進め，園児一人一人のよさや可能性などを把握し，指導の改善に生かすようにすること。その際，他の園児との比較や一定の基準に対する達成度についての評定によって捉えるものではないことに留意すること。

イ　評価の妥当性や信頼性が高められるよう創意工夫を行い，組織的かつ計画的な取組を推進するとともに，次年度又は小学校等にその内容が適切に引き継がれるようにすること。

3　特別な配慮を必要とする園児への指導

(1) 障害のある園児などへの指導

障害のある園児などへの指導に当たっては，集団の中で生活することを通して全体的な発達を促していくことに配慮

し，適切な環境の下で，障害のある園児が他の園児との生活を通して共に成長できるよう，特別支援学校などの助言又は援助を活用しつつ，個々の園児の障害の状態などに応じた指導内容や指導方法の工夫を組織的かつ計画的に行うものとする。また，家庭，地域及び医療や福祉，保健等の業務を行う関係機関との連携を図り，長期的な視点で園児への教育及び保育的支援を行うために，個別の教育及び保育支援計画を作成し活用することに努めるとともに，個々の園児の実態を的確に把握し，個別の指導計画を作成し活用することに努めるものとする。

(2)　海外から帰国した園児や生活に必要な日本語の習得に困難のある園児の幼保連携型認定こども園の生活への適応

　海外から帰国した園児や生活に必要な日本語の習得に困難のある園児については，安心して自己を発揮できるよう配慮するなど個々の園児の実態に応じ，指導内容や指導方法の工夫を組織的かつ計画的に行うものとする。

第3　幼保連携型認定こども園として特に配慮すべき事項

　幼保連携型認定こども園における教育及び保育を行うに当たっては，次の事項について特に配慮しなければならない。

1　当該幼保連携型認定こども園に入園した年齢により集団生活の経験年数が異なる園児がいることに配慮する等，0歳から小学校就学前までの一貫した教育及び保育を園児の発達や学びの連続性を考慮して展開していくこと。特に満3歳以上については入園する園児が多いことや同一学年の園児で編制される学級の中で生活することなどを踏まえ，家庭や他の保育施設等との連携や引継ぎを円滑に行うとともに，環境の工夫をすること。

2　園児の一日の生活の連続性及びリズムの多様性に配慮するとともに，保護者の生活形態を反映した園児の在園時間の長短，入園時期や登園日数の違いを踏まえ，園児一人一人の状況に応じ，教育及び保育の内容やその展開について工夫をすること。特に

入園及び年度当初においては，家庭との連携の下，園児一人一人の生活の仕方やリズムに十分に配慮して一日の自然な生活の流れをつくり出していくようにすること。

3　環境を通して行う教育及び保育の活動の充実を図るため，幼保連携型認定こども園における教育及び保育の環境の構成に当たっては，乳幼児期の特性及び保護者や地域の実態を踏まえ，次の事項に留意すること。

(1)　0歳から小学校就学前までの様々な年齢の園児の発達の特性を踏まえ，満3歳未満の園児については特に健康，安全や発達の確保を十分に図るとともに，満3歳以上の園児については同一学年の園児で編制される学級による集団活動の中で遊びを中心とする園児の主体的な活動を通して発達や学びを促す経験が得られるよう工夫をすること。特に，満3歳以上の園児同士が共に育ち，学び合いながら，豊かな体験を積み重ねることができるよう工夫をすること。

(2)　在園時間が異なる多様な園児がいることを踏まえ，園児の生活が安定するよう，家庭や地域，幼保連携型認定こども園における生活の連続性を確保するとともに，一日の生活のリズムを整えるよう工夫をすること。特に満3歳未満の園児については睡眠時間等の個人差に配慮するとともに，満3歳以上の園児については集中して遊ぶ場と家庭的な雰囲気の中でくつろぐ場との適切な調和等の工夫をすること。

(3)　家庭や地域において異年齢の子どもと関わる機会が減少していることを踏まえ，満3歳以上の園児については，学級による集団活動とともに，満3歳未満の園児を含む異年齢の園児による活動を，園児の発達の状況にも配慮しつつ適切に組み合わせて設定するなどの工夫をすること。

(4)　満3歳以上の園児については，特に長期的な休業中，園児が過ごす家庭や園などの生活の場が異なることを踏まえ，それぞれの多様な生活経験が長期的な休業などの終了後等の園生活に生かされるよ

う工夫をすること。

4　指導計画を作成する際には，この章に示す指導計画の作成上の留意事項を踏まえるとともに，次の事項にも特に配慮すること。

(1)　園児の発達の個人差，入園した年齢の違いなどによる集団生活の経験年数の差，家庭環境等を踏まえ，園児一人一人の発達の特性や課題に十分留意すること。特に満3歳未満の園児については，大人への依存度が極めて高い等の特性があることから，個別的な対応を図ること。また，園児の集団生活への円滑な接続について，家庭等との連携及び協力を図る等十分留意すること。

(2)　園児の発達の連続性を考慮した教育及び保育を展開する際には，次の事項に留意すること。

ア　満3歳未満の園児については，園児一人一人の生育歴，心身の発達，活動の実態等に即して，個別的な計画を作成すること。

イ　満3歳以上の園児については，個の成長と，園児相互の関係や協同的な活動が促されるよう考慮すること。

ウ　異年齢で構成されるグループ等での指導に当たっては，園児一人一人の生活や経験，発達の過程などを把握し，適切な指導や環境の構成ができるよう考慮すること。

(3)　一日の生活のリズムや在園時間が異なる園児が共に過ごすことを踏まえ，活動と休息，緊張感と解放感等の調和を図るとともに，園児に不安や動揺を与えないようにする等の配慮を行うこと。その際，担当の保育教諭等が替わる場合には，園児の様子等引継ぎを行い，十分な連携を図ること。

(4)　午睡は生活のリズムを構成する重要な要素であり，安心して眠ることのできる安全な午睡環境を確保するとともに，在園時間が異なることや，睡眠時間は園児の発達の状況や個人によって差があることから，一律とならないよう配慮すること。

(5)　長時間にわたる教育及び保育については，園児の発達の過程，生活のリズム及び心身の状態に十分配慮して，保育の内容や方法，職員の協力体制，家庭との連携などを指導計画に位置付けること。

5　生命の保持や情緒の安定を図るなど養護の行き届いた環境の下，幼保連携型認定こども園における教育及び保育を展開すること。

(1)　園児一人一人が，快適にかつ健康で安全に過ごせるようにするとともに，その生理的欲求が十分に満たされ，健康増進が積極的に図られるようにするため，次の事項に留意すること。

ア　園児一人一人の平常の健康状態や発育及び発達の状態を的確に把握し，異常を感じる場合は，速やかに適切に対応すること。

イ　家庭との連携を密にし，学校医等との連携を図りながら，園児の疾病や事故防止に関する認識を深め，保健的で安全な環境の維持及び向上に努めること。

ウ　清潔で安全な環境を整え，適切な援助や応答的な関わりを通して，園児の生理的欲求を満たしていくこと。また，家庭と協力しながら，園児の発達の過程等に応じた適切な生活のリズムがつくられていくようにすること。

エ　園児の発達の過程等に応じて，適度な運動と休息をとることができるようにすること。また，食事，排泄，睡眠，衣類の着脱，身の回りを清潔にすることなどについて，園児が意欲的に生活できるよう適切に援助すること。

(2)　園児一人一人が安定感をもって過ごし，自分の気持ちを安心して表すことができるようにするとともに，周囲から主体として受け止められ主体として育ち，自分を肯定する気持ちが育まれていくようにし，くつろいで共に過ごし，心身の疲れが癒やされるようにするため，次の事項に留意すること。

ア　園児一人一人の置かれている状態や発達の過程などを的確に把握し，園児の欲求を適切に満たしながら，応答的な触れ合いや言葉掛けを行うこと。

イ　園児一人一人の気持ちを受容し，共感しながら，園児との継続的な信頼関係を築いていくこと。

ウ　保育教諭等との信頼関係を基盤に，園児一人一人が主体的に活動し，自発性や探索意欲などを高めるとともに，自分への自信をもつことができるよう成長の過程を見守り，適切に働き掛けること。

エ　園児一人一人の生活のリズム，発達の過程，在園時間などに応じて，活動内容のバランスや調和を図りながら，適切な食事や休息がとれるようにすること。

6　園児の健康及び安全は，園児の生命の保持と健やかな生活の基本であり，幼保連携型認定こども園の生活全体を通して健康や安全に関する管理や指導，食育の推進等に十分留意すること。

7　保護者に対する子育ての支援に当たっては，この章に示す幼保連携型認定こども園における教育及び保育の基本及び目標を踏まえ，子どもに対する学校としての教育及び児童福祉施設としての保育並びに保護者に対する子育ての支援について相互に有機的な連携が図られるようにすること。また，幼保連携型認定こども園の目的の達成に資するため，保護者が子どもの成長に気付き子育ての喜びが感じられるよう，幼保連携型認定こども園の特性を生かした子育ての支援に努めること。

編者・執筆者一覧

【監修】

無藤　　隆●白梅学園大学名誉教授

【編集】

大方　美香●大阪総合保育大学大学院教授

【執筆】（執筆順）

無藤　　隆●前掲

鈴木みゆき●國學院大學教授

井村果奈枝●東京都荒川区立汐入こども園主任教諭

田代　幸代●共立女子大学教授

町田　理恵●東京学芸大学附属幼稚園教諭

菅　　　綾●東京学芸大学附属幼稚園教諭

山崎　奈美●東京学芸大学附属幼稚園教諭

那須　信樹●中村学園大学教授

島田　久子●京都府舞鶴市健康・子ども部幼稚園・保育所課主幹、舞鶴
　　　　　　市立舞鶴こども園園長

松井　剛太●香川大学准教授

大竹　咲枝●香川大学教育学部附属幼稚園教諭

片岡今日子●香川大学教育学部附属幼稚園高松園舎教諭

中川　欣子●香川大学教育学部附属幼稚園高松園舎主幹教諭

矢藤誠慈郎●和洋女子大学教授

社会福祉法人七宝福祉会七宝こども園

宮里　暁美●お茶の水女子大学教授

瀧川　光治●大阪総合保育大学教授

大口　理恵●社会福祉法人ゆずり葉会深井こども園教諭

編者・執筆者一覧

佐々木未央●社会福祉法人ゆずり葉会深井こども園教諭

森元　友香●社会福祉法人ゆずり葉会深井こども園教諭

佐々木　晃●鳴門教育大学大学院教授

田澤　里喜●玉川大学教授・学校法人田澤学園東一の江幼稚園園長

伊東麻衣子●玉川学園幼稚部教諭

須田　春花●学校法人田澤学園東一の江幼稚園教諭

西井　宏之●白梅学園大学附属白梅幼稚園教諭

島田由紀子●國學院大學教授

亀井以佐久●鎌倉女子大学非常勤講師・学校法人亀井学園寺尾幼稚園園長

親泊絵里子●東京都品川区立台場幼稚園副園長

杉本　圭隆●学校法人睦美学園むつみこども園園長

安達　　譲●学校法人ひじり学園せんりひじり幼稚園園長

菱沼　菜摘●学校法人ひじり学園せんりひじり幼稚園教諭

興水　　基●学校法人めぐみ学園認定こども園阿久根めぐみこども園理
　　　　　　事長・園長

杉本　一久●社会福祉法人宇治福祉園理事長

塚越　優子●学校法人柿沼学園認定こども園こどもむら栗橋さくら幼稚
　　　　　　園園長

大方　美香●前掲

＊職名は執筆時現在

子どもの発達からみる「10の姿」の保育実践

令和 5 年 1 月10日　第 1 刷発行
令和 5 年11月10日　第 5 刷発行

監　修　　無藤　　隆

編　著　　大方　美香

発　行　　株式会社 ぎょうせい

〒136-8575　東京都江東区新木場1-18-11
URL：https://gyosei.jp

フリーコール　0120-953-431

ぎょうせい　お問い合わせ　検索　https://gyosei.jp/inquiry/

（検印省略）

印刷　ぎょうせいデジタル株式会社　　　　　　　©2023 Printed in Japan

＊乱丁・落丁本はお取り替えいたします。

ISBN 978-4-324-11224-3

(5108839-00-000)

[略号：「10の姿」の保育実践]